Knaur.

Von Thomas Wieczorek sind bei Knaur außerdem erschienen:
Die Stümper. Über die Unfähigkeit unserer Politiker
Schwarzbuch Beamte. Wie der Behördenapparat unser Land ruiniert
Die Profitgeier. Wie unfähige Manager unser Land ruinieren
Die Dilettanten. Wie unfähig unsere Politiker wirklich sind
Die verblödete Republik.
  Wie uns Medien, Wirtschaft und Politik für dumm verkaufen
Die geplünderte Republik.
  Wie uns Banken, Spekulanten und Politiker in den Ruin treiben

Der Autor:
Thomas Wieczorek, Jahrgang 1953, ist Journalist und Parteienforscher.
Nach dem Volkswirtschaftsstudium an der Freien Universität Berlin war
er bei *dpa* Volontär, Politischer Redakteur und Chef vom Dienst und an-
schließend Leiter des Baden-Württemberg-Büros von *Reuters.* Als freier
Autor arbeitete er u. a. für die *Frankfurter Rundschau,* Deutschlandfunk
und den Südwestfunk, seit 1989 auch für das Satiremagazin *Eulenspiegel.*
Am Berliner Otto-Suhr-Institut promovierte er über »Die Normalität der
politischen Korruption«. Das Spektrum seiner Radio- und Fernsehauf-
tritte reicht von RBB bis Sat1. Von Thomas Wieczorek sind bereits mehrere Bücher erschienen.

Thomas Wieczorek

EINIGKEIT UND RECHT UND DOOFHEIT

Warum wir längst
keine Dichter und Denker mehr sind

Knaur Taschenbuch Verlag

Besuchen Sie uns im Internet:
www.knaur.de

Originalausgabe Oktober 2010
Knaur Taschenbuch.
Copyright © 2010 by Knaur Taschenbuch
Ein Unternehmen der Droemerschen Verlagsanstalt
Th. Knaur Nachf. GmbH & Co. KG, München.
Alle Rechte vorbehalten. Das Werk darf – auch teilweise – nur
mit Genehmigung des Verlags wiedergegeben werden.
Umschlaggestaltung: ZERO Werbeagentur, München
Redaktion: Marko Jakob
Umschlagabbildung: N. Reitze de la Maza
Satz: Adobe InDesign im Verlag
Druck und Bindung: CPI – Clausen & Bosse, Leck
Printed in Germany
ISBN: 978-3-426-78407-5

2 4 5 3 1

This land is your land, this land is my land.
This land is made for you and me.

Woody Guthrie, 1940

Inhalt

Vorbemerkung:
»Die Deutschen«

Kaum hatte Barack Obama im Jahr 2008 sein wahlkämp-ferisches »Yes we can« dem US-Volk zugerufen, ge-langten diese Worte via Satellit selbst in die letzten Ecken der Welt – und auch zu den Deutschen. Hierzulande be-rührte seit John F. Kennedys »Ich bin ein Berliner« kein Satz eines Ausländers so sehr die Hirne und Herzen. Und wie bei allem in den USA Erfolgreichen folgte die deutsche Imitation auf dem Fuße.

Als aber SPD-Generalsekretär Hubertus Heil Ende 2008 das Parteitagsvolk an der Zauberformel teilhaben lassen wollte, klang er »so stürmisch und so leidenschaftlich« wie einst Herzensbrecher Heinz Rühmann – und traf auf ent-sprechend entgeisterte Blicke. In der Folge ernteten Kaba-rettisten todsichere Lacher, indem sie »Yes we can« einfach im nachgeäfften Stile der Merkel, Westerwelle, Steinmeier, Kauder oder Seehofer vortrugen.

Bleiben die Fragen: Warum haben wir keinen Obama? Warum ist, was offenbar Millionen US-Bürger aller Haut-farben und Klassen zu Tränen rührt, bei uns eine Lach-nummer? Liegt es wirklich nur an unserem indiskutablen Personal? Was eint die Amerikaner, was wir nicht haben oder kennen? Vor allem aber: Was ist – oder wäre – »deut-sche Identität«? Was ist »typisch deutsch«; und kann, muss, darf man es gegen »Undeutsches« und »Fremdes« abgrenzen?

Neidvoll fragt man sich: Warum gibt's so eine(n) nicht auch

bei uns? Dahinter steht die Sehnsucht nach der »Vision«: Worauf steuern die Eliten, die Politiker, »wir« zu? Dies aber führt zur Frage: Wer ist eigentlich »we – wir«?

Und dieses Problem der Abgrenzung stellt sich den Deutschen ja sogar innerhalb der Nation, vor allem zum 20. Jahrestag der Vereinigung: Seit dem Mauerfall wird »zusammengequatscht, was zusammengehört«. Aber wie groß sind die Unterschiede zwischen Ossi und Wessi wirklich, und was ist Legende, Propaganda oder Ergebnis davon? Ist Angela Merkel eine Jammerossi und Heiner Geißler ein arroganter Wessi?

Aber ist – andererseits – nicht gerade die regelmäßige Verbissenheit der Debatte darüber »typisch deutsch«?

»*Die* Deutschen« gibt es genauso wenig wie »*die* Briten« oder »*die* Amerikaner«. Was hat Victoria Beckham mit Sir Peter Ustinov zu tun, George W. Bush mit Michael Moore oder Heidi Klum mit Richard von Weizsäcker?

Besonders komödiantisch ist die Definition des »Durchschnittsdeutschen«. So verdienten laut Statistischem Bundesamt vollzeitbeschäftigte Arbeitnehmerinnen und Arbeitnehmer im Jahre 2008 durchschnittlich 41 509 Euro brutto, also 3459 Euro im Monat.[1] Da wüsste die übergroße Mehrheit der Arbeitnehmer aber was davon.

Der Durchschnittstrick ist denkbar simpel: Angenommen, die 7,8 Milliarden Euro schwere Susanne Klatten spielt mit drei völlig mittellosen Gigolos Schafskopf. Dann besitzt im Schnitt jeder Spieler 1,95 Milliarden Euro. Und wenn einer von ihnen acht Glas Bier trinkt, die anderen aber Selters, so haben sie im Schnitt dennoch jeder zwei Bier intus. Dieser Nonsens liegt freilich nicht (nur) am mangelnden Fachwissen und gesunden Menschenverstand der Statistiker.

Vielmehr sollen die sich ständig vergrößernden Einkommens- und damit Klassenunterschiede auf pseudomathematischem Wege eingeebnet werden.

> Das Durchschnittsvermögen eines Deutschen liegt bei über 60 000 Euro. Mich würde brennend interessieren, wer meine fehlenden 59 000 Euro hat!
>
> Kommentar in einem Internetforum

Es scheint also etwas dran zu sein an jenem Satz, der Winston Churchill zugeschrieben wird, nach Recherchen des Statistischen Landesamts Baden-Württemberg aber vermutlich von Joseph Goebbels stammt: »Ich glaube nur der Statistik, die ich selbst gefälscht habe.«[2]

Allen wunderschönen Erfolgszahlen zum Trotz fragt sogar der nicht gerade linksradikale *Focus:* »Wohlstands- oder doch eher Klassengesellschaft?«[3] Und fast zwei Drittel der Wahlberechtigten sind der Überzeugung, es gebe keine Mitte mehr, nur noch oben und unten.[4] Aber nicht nur das Arm-Reich-Gefälle spricht gegen die Betrachtung der Deutschen als uniforme Masse.

So unterteilen die Trendforschungspäpste vom Institut *sinus sociovision* in einer ausführlichen Studie die Gesellschaft in zehn Milieus, denen sie auch gleich genaue Prozentzahlen zuordnen:[5]

- Die Abgehängten (26 Prozent)
- »Opa« und »Muttchen« (15 Prozent)
- Zwischen den Stühlen: die mittlere Mittelschicht (24 Prozent)

- Immer fast, doch nie ganz oben: in der Mitte und nach oben (25 Prozent)
- Die da oben: die Gewinner (10 Prozent)

Nicht gesondert betrachtet wird bei Sinus die Gruppe der Reichsten, nämlich jener Dividendenmilliardäre, die ihre gigantischen Einkünfte ohne eigenes Zutun ausschließlich durch – überdies meist ererbten – Kapitalbesitz erzielen. Nicht wenige gestandene Manager oder Unternehmer, die sich nicht ganz zu Unrecht zu den Leistungsträgern der Gesellschaft zählen, haben ihre Probleme mit all den inkompetenten Witwen und Sprösslingen, die in ihre Kreise drängen, ohne jemals selbst zum gesellschaftlichen Fortschritt und Wohlstand beigetragen zu haben.

So weit die *Sinus*-Studie. Oder wie es so schön bei den Prinzen heißt: »Das alles ist Deutschland, das alles sind wir ...«

Was ist überhaupt »typisch deutsch«?

Wie schwer es ist – und wie leicht gerade stramme Patrioten sich beim Versuch blamieren können –, das »typisch Deutsche« zu bestimmen, zeigt der skurrile Einbürgerungstest, der übrigens auch gleich eine weitere, allerdings nicht nur deutsche Eigenschaft verrät: die Mischung aus völliger Unkenntnis und Großspurigkeit. So enthält der Fragebogen für Niedersachsen falsche Farben in der Landesflagge, Phantasie-Behörden und etliche Ungenauigkeiten – die Testfragen des Innenministeriums sind gar nicht richtig zu beantworten. Ganz zu schweigen davon, dass diesen Test auch ein Großteil der »Blutsdeutschen« nicht bestehen würde. Zudem vermisst nicht nur der Zentralrat der Juden eine ehrliche Thematisierung der Nazi-Verbrechen und spricht von einem »seltsamen Geschichtsverständnis«.

Dass »nationale Identität« gerade *nicht* eine uniforme dumpfe und fremdenfeindliche Horde bedeutet, sondern den kleinsten gemeinsamen Nenner durchaus unterschiedlicher Individuen und Schichten, wird ja gerade auch in Obamas USA deutlich, wo es den dümmlich-argwöhnischen Texas-Farmer ebenso gibt wie den weltoffenen New Yorker, den arbeitsamen Dreifachjobber ebenso wie den steinreichen Müßiggänger und Schwarz-Weiß-Rassisten auf beiden Seiten sowieso. Dies ist bei uns nicht anders; und selbstverständlich gibt es auch bei uns die unterschiedlichsten Milieus mit ihren scheinbar unvereinbaren Vorstellungen von »Leitkultur«.

Die Weltfinanzkrise vergrößert auch bei uns die Arm-Reich-Schere: Was also – wenn offenbar nicht der Wohlstand – hält die Nation zusammen? »Innere Werte?« Und wenn ja, welche?

Über alledem schwebt seit geraumer Zeit die »Wertedebatte«: Ob Nachrichtenvorleserin Eva Herman (»Heimchen am Herd«), *FAZ*-Herausgeber Frank Schirrmacher (»biologische Tatsachen«), Papst Benedikt (»Werte-Relativismus«) oder TV-Peter-Hahne (»gute alte Zeit«), Verfassungsrichter Ulrich di Fabio (»Achtung der Tradition«) oder Geschichtsprofessor Paul Nolte (»Unterschicht ohne Werte«) – selbsternannte Mahner aller Couleur beklagen wie schon 63 vor Christi der römische Senator Cicero die »tempora« und »mores«, den allgemeinen Sittenverfall.

Ungeachtet der Inflation an klugen und weniger klugen Publikationen kann kaum jemand die Frage »Was ist eigentlich typisch deutsch?« halbwegs verständlich beantworten – was auch mit der noch immer verlogen-verklemmten Art der Vergangenheitsbewältigung zu tun hat: Zwischen der anmaßenden Arroganz der »späten Geburt« und völkisch-archaischer Sippenhaftung (der Holocaust als quasi biblische Erbsünde) werden vernünftige Meinungen häufig zerrieben. Dies freilich macht die Bestimmung »deutscher Identität« nicht leichter.

Aber gehen wir es an.

Teil I
Borniert sein ist alles

1. Die Untertanen

Nicht zufällig gab es in Deutschland, anders als etwa in England, Frankreich oder den USA, keine bürgerliche Revolution. »Freiheit, Gleichheit, Brüderlichkeit«, in Gestalt der parlamentarischen Demokratien von Weimar und Bonn, waren das Ergebnis verlorener Kriege. *Duckmäuser* und *Radfahrer* sind ebenso Attribute der Deutschen wie *Herdentiere, Vereinsmeier* oder *Denunzianten.*

Die Radfahrer:
nach oben buckeln, nach unten treten

Im Jahre 1918 erschien Heinrich Manns bereits 1914 fertiggestellter Roman *Der Untertan,* in dem anhand eines Fabrikanten namens Diederich Heßling ein gewisser Typ Mensch in der damaligen deutschen Gesellschaft skizziert wird: obrigkeitshörig, feige, ohne Zivilcourage, Mitläufer, Konformist, Stammtischagitator und tyrannisches Familienoberhaupt. Heßling wird einerseits als launischer Despot dargestellt, dem die Hierarchie der Gesellschaft des wilhelminischen Kaiserreichs zur Macht verhilft, andererseits als Untertan, der von der Zugehörigkeit zu einem unpersönlichen Ganzen geprägt ist und unter ihm leidet.
1951 wird der Roman von Wolfgang Staudte mit Werner Peters in der Hauptrolle verfilmt. Beide, Regisseur und Hauptdarsteller, erhielten dafür den Nationalpreis der DDR. Staudtes Film wurde in der Bundesrepublik der Adenauer-Ära bezeichnenderweise erst 1956 und auch dann

nur in einer um 11 Minuten gekürzten Fassung freigege-
ben. Erst etwa dreißig Jahre später wurde er auch unge-
kürzt gezeigt. 1971 schließlich produzierte der WDR den
Untertan als 349 Minuten langes Hörspiel mit dem legendären Schauspieler Heinz Drache (»Edgar Wallace«, »Tatort«) als Heßling.

Nicht erst seit dem Hit »Ein ehrenwertes Haus« (1974) des
gefühlten Deutschen, aber Österreichers Udo Jürgens ist
klar, dass die feigen Duckmäuser und Intriganten in
Deutschland keinesfalls ausgestorben sind.

Der militante Abschaum

Unvergessen ist der frenetische Applaus der Einwohner
von Hoyerswerda für die faschistischen Banden, die im
September 1991 Jagd auf Asylbewerber machten und ein
Asylantenheim überfielen. Hier erschien der Übergang der
Biedermänner zu den Neonazis besonders fließend.

Denn nicht nur Skinheads oder Neonazis, sondern auch
viele »anständige Bürger« rotten sich gern zusammen, um
über sozial schwächere Mitbürger zumindest verbal her-
zufallen, und sei es auch nur an den berüchtigten »Stammtischen«. Obwohl bezeichnenderweise der militante Aus-
länderhass vorwiegend in Regionen auftritt, deren Einwohner zum Teil noch nie einen leibhaftigen Ausländer
gesehen haben, kann Xenophobie – die Angst vor allem
und allen Fremden – hier keine Ausrede sein. Es handelt
sich vielmehr um feigen Abschaum und die nicht weniger
feigen und verachtenswerten Sympathisanten.

Ebendiese Mitmenschen aber schleimen sich bei der »Obrigkeit« ein und kuschen vor ihr: Das kann der uniformierte (!) Beamte ebenso sein wie der »Herr Papa«, der Adlige »von und zu« ebenso wie der »Herr Doktor« oder die Frau Landtagsabgeordnete.

Inwieweit dieses Duckmäusertum aus der Nazizeit, aus dem wilhelminischen Reich des 19. Jahrhunderts oder aus noch früheren Epochen von Generation zu Generation weitergereicht wurde, sei dahingestellt. Zu beobachten ist jedenfalls, dass beileibe nicht nur ältere Menschen ein ausgesprochen gestörtes Verhältnis zur Demokratie und ihren eigenen Rechten haben. So macht es für viele Untertanen keinen Unterschied, ob sie vor Gericht als Zeuge oder als Angeklagter auftreten sollen, und erst recht nicht, ob ihnen im Zivilprozess der Anwalt der Gegenseite droht oder ein ordentliches Gericht ein Urteil verkündet. Man will mit der Justiz schlicht nichts zu tun haben und ist zutiefst eingeschüchtert.

Die Loser

Eine logische Folge der duckmäuserischen Angst vor der Obrigkeit und den scheinbar höheren Kasten ist die Opferlamm-Mentalität, wie sie zum Beispiel Hans Fallada in seinem Meisterwerk »Kleiner Mann – was nun?« aus dem Jahre 1932 skizziert. Fallada beschreibt eindringlich und akribisch die damalige Rechtslage für das Arbeitsrecht – gemeint sind Gewerkschaften, Betriebsräte ebenso wie das Kündigungsrecht – sowie das sich innerhalb weniger Monate immer wieder ändernde Sozialrecht, vor allem die damalige Unterstützung für die Arbeitslosen. Der Roman bezieht seine brennende Aktualität aus der Tatsache, dass sich auch heute die Verlierer des Lebens – Hartz-IV-Empfänger und Obdachlose ebenso wie chronisch Kranke oder Alleinerziehende – dem Hass und dem Mobbing vieler »ehrbarer Bürger« ausgesetzt sehen. So ehrenvoll und gut gemeint es sein mag, wenn etwa Arbeitslose Kochrezepte für Hartz-IV-Empfänger zusammentragen, so läuft dies letztlich doch darauf hinaus, sich mit menschenunwürdigen Bedingungen abzufinden, statt gegen sie zu kämpfen. Und von diesen Kochrezepten bis zur Häme des damaligen Berliner Finanzsenators Thilo Sarrazin, der den Hartz-IV-Empfängern einen Speiseplan für täglich 4,25 Euro vorschlug, ist es wirklich nur ein kleiner Schritt.

Und auch Schlager wie *Die süßesten Früchte fressen nur die großen Tiere* von Marie Nejar und Peter Alexander von 1952 hatten natürlich weniger mit Sozialkritik zu tun als mit einem Appell an die kleinen Leute, sich mit ihrem minderen Status abzufinden.

In diesen Rahmen fallen auch die zahlreichen Reisesendungen wie das kürzlich ausgelaufene *Voxtours* oder *Länder – Menschen – Abenteuer* auf Phoenix. Diese sollen beileibe nicht in erster Linie dem Normalbürger zur Information oder Reisevorbereitung dienen, sondern vor allem den Ärmeren als Ersatz für eine – für sie unbezahlbare – Reise selbst: Während die parasitären Reichen und Schönen – nicht zu verwechseln mit den echten Leistungsträgern der Gesellschaft – mal eben zum Frühstück nach Rom und zum Shopping nach Mailand düsen, dürfen die Loser Roma und Milano wenigstens vor der Glotze bestaunen und in einigen taktlosen Berichten sogar, wie es sich die »Eliten« dort bei Champagner, Hummercocktail und Scotch mit extra für sie eingeflogenen Alaska-Eiswürfeln gutgehen lassen.

Nicht nur für die Ossis wurde so die lang ersehnte Reise-freiheit zu einem »Muster ohne Wert«: Mallorcas Baller-mann 6 oder Antalya, na schön, vielleicht sogar Tunesien oder die Dominikanische Republik – aber auch hier sind die Loser weitgehend unter sich: wie früher die DDR-Bür-ger am ungarischen Balaton, am bulgarischen Goldstrand oder im rumänischen Mamaia.

Sogar im Urlaub werden also die Verlierer ausgegrenzt, zu denen man mittlerweile getrost auch die Mittelschicht rechnen darf. Das Problem ist aber keineswegs, dass die einen mehr verdienen als die anderen: Zum einen wird man heutzutage nur in Ausnahmefällen durch ehrliche Arbeit reich, sondern meist durch Heirat, Erbschaft oder leistungsloses Einkommen in Form von Aktien oder an-derem Kapitalbesitz. Zum anderen scheinen sich die »Be-trogenen« mit ihrem Los als Menschen zweiter Klasse abzufinden.

Die Allesbefolger

Nachts an einer roten Ampel in einer leergefegten Innen-stadt. Weit und breit weder Mensch noch Auto zu sehen. Dennoch wartet der deutsche Duckmäuser geduldig, bis die Ampel Grün zeigt. Legendär ist auch die deutsche Un-tertanenbürokratie am Hindukusch: Die Bundeswehrtrup-pen in Kabul mussten sich beispielsweise im Jahre 2003 erst umständlich vom Dosenpfand befreien lassen.[6]

Aber auch bei anderen Bestimmungen weiß man nicht, ob man lachen oder sich an den Kopf fassen soll. So verlangen die Hygienevorschriften, dass Küchenräume in Betrieben glatte, leicht zu reinigende Bodenfliesen haben müssen. Zugleich fordern die Unfallverhütungsvorschriften aber in denselben Räumlichkeiten aus Sicherheitsgründen gerippte Fliesen.[7]

Wohin hirn-, kritik- und charakterlose Befolgung von Anordnungen und Befehlen führt, zeigte der Fall des in Israel wegen millionenfachen Mordes verurteilten und 1962 hingerichteten ehemaligen SS-Obersturmbannführers Adolf Eichmann, der als Leiter der für die Organisation der Vertreibung und Deportation der Juden zuständigen Abteilung des Reichssicherheitshauptamtes zentral mitverantwortlich war für die Ermordung von schätzungsweise sechs Millionen Menschen. Während des gesamten Prozesses verteidigte er sich immer wieder damit, er habe nur auf Befehle hin nach dem sogenannten Führerprinzip gehandelt und sich somit nicht im juristischen Sinne schuldig gemacht. Auch sei er nie direkt an der Ermordung oder Deportation von Menschen beteiligt gewesen, sondern habe lediglich als »Rädchen im System« Befehle weitergegeben.

Fähnlein im Wind: die Opportunisten

Ganz ähnlich den Allesbefolgern ticken die Opportunisten. Die ungekrönte Königin des Opportunismus ist zweifellos Angela Merkel. Nach dem Examen 1978 (Promotion 1986) arbeitet sie bis 1990 am Institut für Physikalische Chemie der Akademie der Wissenschaften Berlin und wird Funktionärin für Agitation und Propaganda in der FDJ-Leitung. Als die Mauer fällt, besucht sie gerade die Sauna, und gleich nach der Volkskammerwahl im Frühjahr 1990 wird sie stellvertretende Regierungssprecherin der CDU-Regierung de Maizière.[8] Ähnliches gilt für die Grünen, die quasi über Nacht von der Antikriegs- zur Kriegspartei mutierten.

Noch drastischer und umfassender zeigte sich der Opportunismus nach dem Zweiten Weltkrieg. Millionen Menschen, die eben noch brav und regimetreu den Hitlergruß praktizierten, wurden quasi von einem Tag auf den anderen im Westen zu vorbildlichen Demokraten, im Osten zu überzeugten Sozialisten. Hätten nicht die Alliierten, sondern die Inder Deutschland befreit, wären sie mit Sicherheit strenggläubige Hindus geworden. Opportunisten, die ihre »Meinung« nach dem eigenen Vorteil ausrichten, findet man überall:

- Angestellte, die ihrem Chef weit über die Peinlichkeitsgrenze hinweg Honig ums Maul schmieren, aber gleich nach dessen Entlassung über ihn herziehen und seinem Nachfolger in den Allerwertesten kriechen.
- »Politisch Aktive«, die in Bremen SPD-Mitglied waren und nach ihrem Umzug nach Bayern zur CSU wechseln.
- »Linke« Studenten, die lauthals die »proletarische Weltrevolution« predigen, aber gleich nach dem Examen und Antreten des ersten Jobs ihre Marx-Engels-Bände im Keller oder auf dem Müll verschwinden lassen und sie durch den Großen Brockhaus und Halbbildungsliteratur à la Guido Knopp ersetzen.
- Aufsteigerfiguren, die wegen des Geldes und der Karriere von ehrlichen, aber schlechter bezahlten und scheinbar weniger karriereträchtigen Jobs in solche wechseln,

die sie im Grunde ihres Herzens als zutiefst unmoralisch betrachten.

Wie hoch der Prozentsatz der Opportunisten unter den Deutschen ist, wurde nie erforscht, und man will es vielleicht auch gar nicht wissen. Fest steht: Das eigennützige »Einem-nach-dem-Munde-Reden« reicht vom verlogenen Lob für die verhasste, aber reiche Erbtante über die Anpassung an irgendeine abwegige Cliquen- oder Stammtischmeinung, um »dazuzugehören«, bis hin zum Verkauf des geliebten Motorrads der überängstlichen Schwiegermutter zuliebe. Letzteres Beispiel zeigt aber auch, dass die Grenzen zwischen Opportunismus und Rücksichtnahme auf Gefühle anderer gerade in der Privatsphäre fließend sind.
Und die Alternative zum Opportunismus ist keineswegs das »Seinen-Kopf-Durchsetzen« um jeden Preis. Wer zum Beispiel am Sonntag auf den *Tatort* verzichtet, weil die Partnerin sich schon die ganze Woche auf die aus eigener Sicht unerträglich schmalzige Pilcher-Schmonzette freut, ist genauso wenig ein Opportunist wie jemand, der das eigentlich ungenießbare Essen der Gastgeberin lobt, weil er weiß, dass sie sich deswegen einen halben Tag in der Küche abgemüht hat.
Die Faustregel lautet, dass Opportunismus stets mit beträchtlichem und/oder längerfristigem eigenem Vorteil verbunden ist – oder dem Vermeiden von Konfrontation in wichtigen Fragen. Wenn zum Beispiel zwei Nachbarn über »*die* Ausländer« herziehen, so ist es opportunistisch, schweigend vorbeizugehen – und geradezu indiskutabel, ihnen um des verlogenen »lieben Hausfriedens willen« auch noch recht zu geben, denn das wäre eine besonders abstoßende Variante des Opportunismus. Aber wie gesagt:

Mit dem aufrechten Gang haben nicht wenige unserer lieben Mitbürger so ihre Probleme.

Die Herdentiere

Duckmäuserische Herdentiere achten peinlich genau darauf, dass sich niemand durch mutiges Auftreten, zu dem sie selbst zu feige sind, individuelle Vorteile verschafft. Wenn zum Beispiel in einer kriecherischen Belegschaft einer dem Chef zu widersprechen wagt und der dies als erfrischende Abwechslung empfindet und entsprechend honoriert, dann kochen die Duckmäuser vor Wut. Schließlich hatte man ihnen ja schon als Kinder das elfte Gebot *Du sollst nicht aus der Reihe tanzen* eingebleut und sie gewarnt: »Glaub bloß nicht, du bist was Besonderes.«

Herdenmenschen haben den Vorteil, sich stets in der Masse verstecken zu können. Selbst die Nazi-Generation redete sich damit heraus, Millionen andere hätten ja auch den Führer gewählt, ihm zugejubelt, von Auschwitz nichts gewusst, seien also auch nicht besser gewesen. Ein ähnliches Verhalten können wir bei Rauchern und Trinkern beobachten. Ein Kettenqualmer fühlt sich unter Nichtrauchern ähnlich unwohl wie ein Säufer unter Antialkoholikern. »Gemeinsam sind wir stark« lautet auch hier die Devise: Eigener Schwachsinn wird umso erträglicher, je mehr Leute ihn ebenfalls betreiben.

Dies wird kaum irgendwo deutlicher als bei der Mode oder dem Trend: Behaupten beispielsweise gewisse Gossenmedien ganz willkürlich *Man trägt wieder Hut* oder *Immer mehr Deutsche bestellen sich Fischers Fritzens frischen Fisch im*

Internet, so bleibt dies nicht bei jedem ohne Wirkung. Ebenso erleben viele Eltern, dass ihre Sprösslinge zwecks sozialer Akzeptanz gewisse Markenklamotten einfordern, deren astronomischer Preis in der Regel zu zehn Prozent auf die Qualität, zu neunzig Prozent aber auf das Label zurückzuführen ist.

Dass Mode also meist nicht das ist, als was sie ursprünglich entstand – Menschen wollen durch ihre individuelle Kleidung auf sich aufmerksam machen –, erkannte bereits im 18. Jahrhundert der Philosoph Montesquieu: »Jeder nimmt die äußeren Merkmale der von ihm aus nächsthöheren Stellung an.«[9] Dies wiederum bewirkt aber letztlich das Gegenteil: Die Leute wollen durch ihr Äußeres die Zugehörigkeit zu einer bestimmten Herde demonstrieren. Ob nun Banker oder Punker, Intellektuelle oder Disco-Freaks, Verkäufer oder Nachwuchspolitiker: In der Horde fühlt man sich wohl, in der Horde kann man sich verstecken. In der Horde bekommt man meist recht. Ein solches Herdenverhalten jedoch führt zu dem Phänomen, dass sogar die vermeintlichen Verweigerer des Gruppenzwangs in der »Nonkonformisten-Uniform« (Reinhard Mey, aus dem Lied *Annabelle*) herumlaufen.

Mutige Duckmäuser

Allerdings ziehen Duckmäuser nicht immer und überall den Schwanz ein, manchmal zeigen sie auch bewundernswerte Zivilcourage, etwa wenn sie den Kindern oder sogar der Ehefrau mutig eine langen, als Autofahrer an der Kreuzung einem die Vorfahrt nehmen oder auf der Autobahn den Vordermann durch Lichthupe und zentimeterdichtes Auffahren zum Spurwechsel nötigen. Idole dieser Verkehrsrowdys sind vermutlich die Mercedes-Testfahrer.

Im Juli 2003 fuhr ein Versuchsingenieur (35) von DaimlerChrysler – Spitzname *Turbo-Rolf* – auf der A5 mit seinem fast 500 PS starken Mercedes so dicht auf den Kleinwagen einer 21-jährigen Frau auf, dass sie das Steuer verriss und gegen einen Baum prallte. Die Frau und ihre zweijährige Tochter waren sofort tot. Das ohnehin lächerlich milde Urteil für faktischen Mord (Tötung aus niederen Beweggründen) von eineinhalb Jahren ohne Bewährung machte das Landgericht Karlsruhe mit der Abmilderung in ein Jahr auf Bewährung endgültig zum Spott auf das Rechtsempfinden ehrlicher Bürger. Womöglich angespornt durch die Annahme, dass Mercedes-Todesfahrer vor deutschen Gerichten eine Art »patriotische Immunität« genießen, rutschte ein weiterer Mercedes-Autotester (33) im Februar 2005 bei einer Fahrt von Stuttgart ins nordschwedische Testgelände Arjeplog in einer Kurve auf die linke Straßenseite und erfasste eine 44-jährige Mutter zweier Kinder, die sofort tot war. Dass Kollegen des Fahrers nach dem Unfall aus dem Auto Testgeräte ausbauten, noch ehe die Polizei zur Stelle war, hatte in Schweden heftige Kritik ausgelöst. Aber auch die Skandinavier zeigten sich nachsichtig. Ein schwedisches Gericht verurteilte den Todesfahrer zu umgerechnet rund 2450 Euro Geldbuße sowie zwei Jahren auf Bewährung wegen fahrlässiger Tötung. Natürlich akzeptierte der Raser das Urteil wie einen Lottogewinn und zahlte unverzüglich die Geldbuße, wodurch ihm auch noch die Gerichtsverhandlung erspart blieb.[10]

Nun fährt natürlich nicht jeder Duckmäuser kaltblütig Mütter tot. Andere toben sich beim Drängeln an der Bushaltestelle ebenso aus wie beim »mutigen« Beschimpfen überforderter Supermarktkassiererinnen und verliebter Pärchen, die es wagen, sich in aller Öffentlichkeit zu küssen. Würden sich dann allerdings die beiden Turtel-täubchen als Sohn des Firmenchefs und Tochter des Ab-teilungsleiters entpuppen, dann bräuchten diese mutigen Duckmäuser wahrscheinlich dringend die Hilfe eines Not-arztes oder Psychiaters, vielleicht sogar eines Arbeitsver-mittlers.

»Wussten Sie schon, dass …?«

Die Klatschonkel und -tanten

Völkerkundler und Soziologen unterscheiden zwischen Tratsch und Klatsch. Während der Tratsch gedanken- und ziellos ist und meist nur auf der Wichtigtuerei des Einzel-nen beruht, ist der Klatsch tendenziell bösartig, gehässig und verunglimpfend.[11]

Dem professionellen Tratscher zum Beispiel muss man nur etwas »im Vertrauen« erzählen, damit es zuverlässiger und schneller verbreitet wird als durch ein Inserat in der Bou-levardpresse.

Mit dem Thema Klatsch, also mit den Formen seiner Ver-breitung und seiner sozialen Funktion, dagegen befassen sich besonders Sozialpsychologen. Vor allem im Umkreis der britischen Anthropologen-Denkwerkstatt namens *Man-chester School* hat deren Begründer Max Gluckman den Klatsch gründlich analysiert.[12]

Demnach bilden der Klatsch an sich und die Furcht vor

Klatsch über sich selbst die Grundlage für soziale Kontrolle innerhalb einer Gemeinschaft. Werden dann auch noch vermeintliche Normen und verlogene Wertvorstellungen einer Gesellschaft verletzt, begünstigt dies den Klatsch – wenn etwa die Paparazzi-Journaille behauptet, die Witwe habe am Grab ihres Mannes nicht pflichtgemäß geflennt und schon zwei Monate nach dem Tod ihres Gatten einen Neuen, die Sängerin habe vor ihrem Auftritt zwei Flaschen Scotch geleert oder der »Pinkelprinz« *(Bild)* habe öffentlich seine Blase entleert. Und der geistig-moralische Bodensatz der Gesellschaft, der es in diesem Leben zu nichts gebracht hat und auch in jeder anderen Gesellschaft zu nichts bringen würde, nimmt dies begierig auf und zerreißt sich das Maul: »Wie kann man nur!« Eine Generation früher hieß es noch unverblümt: »Bei Adolf hätte es das nicht gegeben!«

Weil der Klatsch auch frei erfundene und falsche Gerüchte schaffen und weitergeben kann, eignet er sich vortrefflich zur Intrige, also zum Schüren von Feindseligkeiten und Rivalitäten, ohne dass das Klatschmaul mit dem Zielobjekt selbst konfrontiert ist. In fast jedem Betrieb wird geklatscht: »Die Müller ist ja nur befördert worden, weil sie mit dem Chef in die Kiste steigt«, »Der Schulze soll die Venedig-Reisen mit seiner Frau als Spesen abrechnen« und Ähnliches mehr.

Da Klatsch stets hinter dem Rücken des Betroffenen stattfindet, tritt das intrigante Klatschmaul dem Opfer also nie direkt gegenüber und muss im Normalfall auch nicht befürchten, ihm Rede und Antwort stehen zu müssen. Es ist, als werfe man Schneebälle oder Steine aus der vierten Reihe einer Meute ohne Angst, erwischt zu werden. Zudem hat gerade der tumbe, feige Untertan die Illusion, zumindest für einen Moment auf Augenhöhe mit den Reichen und Mächtigen, manchmal sogar in Gestalt simpler Vorgesetzter, zu sein.

Weil es sich aber beim Klatsch um die natürliche Ausdrucksform der rückgratlosen Duckmäuser handelt, ist die natürliche Ergänzung zur Verunglimpfung die hündische Ergebenheit. Man denke nur an jene bemitleidenswerte Minderheit, die an Königs- und Fürstenhochzeiten Anteil nimmt, als wäre es ihre eigene Verwandtschaft. Keinen Deut besser, wenn nicht sogar Propagandisten dieser devoten Mentalität, sind allerdings Hofberichterstatter wie Norbert Lehmann von *ZDFroyal:* »Pracht, Glanz und Gloria, eine Szenerie und Dramaturgie, die sich über Jahrhunderte kaum verändert hat – das hat was! Und: Bei allen drei Hochzeiten ehelichen die Prinzen eine Bürgerliche – ich bin gespannt, wie sich das in der Anmutung und Atmosphäre mischt, das Blaublütige und das Bürgerliche. Reporterherz, was willst du mehr?!«[13] Offenbar nichts, denn: »Es waren royale Geschichten wie aus dem Märchenbuch … Europas große Königshäuser kommen dem Volk näher und werden dadurch populärer. … Die Monarchien leben nicht mehr allein vom Glanz vergangener Jahrhunderte. Sie glänzen in der Gegenwart – mit sympathischen, weltoffenen Königsfamilien. Gerade die jungen Menschen feiern die Hochzeiten ihrer Prinzen und Prinzessinnen – royale Popstars des 21. Jahrhunderts!«[14]

Da sind übrigens unsere Vorfahren nicht anders: Studien belegen, dass auch Menschenaffen eine große Neugier für die intimsten Lebensumstände ihrer Leittiere entwickeln.

Pflichtbewusste Staatsbürger: die Denunzianten

Am Beispiel Norbert Lehmann zeigt sich auch dieser innere Zusammenhang zwischen demütiger Lobhudelei gegenüber den Reichen und Schönen und hemmungslosem Herumtrampeln auf den sozial Schwächeren.

Derselbe Norbert Lehmann ist nämlich Redaktionsleiter der Sendung *ZDF.reporter,* deren Praktiken bei der Verunglimpfung der »Unterschicht« im April 2006 auch *Spiegel Online* ans Tageslicht brachte: »Fernsehteam zahlte prügelnden Jugendlichen 200 Euro.« Wie Lehmann schließlich zugeben musste, hatten minderjährige Schüler diese »Aufwandsentschädigung« für wilde Schlägereien erhalten, die in der Sendung am 3. April 2006 als »zufällig eingefangen« ausgegeben wurden und die Verwahrlosung Jugendlicher in Hamburgs Stadtteil Mümmelmannsberg »dokumentieren« sollten. Ein 15-Jähriger gestand: »Die haben uns richtig gekauft. Erst haben sie gesagt, sie wollten viel Positives über den Stadtteil sagen, dann wollten sie Action sehen. Wir sollten so tun, als würden wir uns prügeln und Drogen kaufen.«[15]

Damit erweist sich Norbert Lehmann als personifizierte Verbindung von Buckeln gegenüber der Oberschicht und Treten auf die Unterschicht.

> Der größte Lump im ganzen Land, das ist und bleibt der Denunziant.
>
> Hoffmann von Fallersleben

Ebenso wie die Motive der Klatschtante sind auch die des Denunzianten zweigeteilt. Zum einen ist es Wichtigtuerei und devote Handlangerei gegenüber der »Obrigkeit«, zum anderen pure Gehässigkeit.

Der klassische Denunziant hieß im Dritten Reich »Blockwart«; in der DDR »IM«; in der Schule nennt man ihn »Petze«: Dabei ist es ein verhängnisvoller Irrtum, diesen Subjekten irgendeine Art von aufrechtem Pflichtbewusstsein zuzugestehen. Der typische Denunziant ist entweder ein karrierebewusster Schleimer oder ein menschlich-moralischer und womöglich auch beruflicher Versager – was in diesem Fall nichts mit Hartz IV zu tun hat. Dieser Denunziant selbst kriegt nichts auf die Reihe und macht deswegen andere schlecht – als ob sein eigenes verpfuschtes Leben dadurch besser würde.

Legendär ist in diesem Zusammenhang die Menschenjägersendung »Aktenzeichen XY … ungelöst«, in der der Mob zur Denunziation möglicher Verdächtiger für irgendwelche Verbrechen animiert wurde. Und der Pöbel erfüllte die Erwartungen. Wer einen im Treppenhaus nicht freundlich genug grüßte oder die Musik ein wenig zu laut gedreht hatte, wurde schon mal als gesuchter Serienkiller angezeigt, und wer häufig wechselnde Männerbekanntschaften hatte, konnte mit etwas Pech in »XY« als gesuchte Juwelenräuberin landen. Bezeichnend ist übrigens die Vita von »Ganoven-Ede« Eduard Zimmermann, der die Fernsehhetzjagd von 1967 bis 1997 moderierte. Laut verschiedenen Quellen schlug er sich nach dem Krieg zunächst in Hamburg als Zeltarbeiter im Zirkus Hagenbeck und Garderobier von Willy Fritsch, später als Dieb und Schwarzmarkthändler durch und verbüßte in diesem Zusammenhang auch eine Haftstrafe in der Justizvollzugsanstalt Fuhlsbüttel.

Nun mag das seinerzeit vom ZDF entfachte und jetzt durch den Ex-Eiskunstläufer Rudi Cerne im XY-Aufguss neu aufgelegte Denunziationsfieber in Einzelfällen durchaus zur Aufklärung von Verbrechen geführt haben. Der wesentliche Aspekt aber war und ist das Wecken niederster Instinkte, nämlich ungeliebten oder verhassten Mitmenschen eins auszuwischen.

Natürlich sind die Denunzianten nur eine Minderheit. Sie wirken aber wie ein Geschwür am Allerwertesten des deutschen Volkes. Und wie das mit Geschwüren so ist: Wenn man sie nicht rechtzeitig entfernt, infizieren sie womöglich den ganzen Körper. Die Kehrseite ist skurrilerweise, dass dieselben Anschwärzer wegschauen, wenn etwa wie im erwähnten Hoyerswerda Neonazis auf Ausländer, Obdachlose oder Behinderte losgehen oder Eltern ihre Kinder misshandeln. Hier mutieren dieselben »ehrenwerten Bürger«, die gerade noch einen Arbeitslosen wegen Schwarzarbeit auf dem Wochenmarkt oder einen Autofahrer wegen Falschparkens angeschwärzt haben, zu Duckmäusern, die sich »nicht einmischen« und »da raushalten« wollen.

Nicht selten allerdings geraten selbst Denunziantenprozesse zum Fiasko, wenn nämlich – zum Beispiel in Verfahren um Wohnungskündigung – die gerade noch großspurigen »Zeugen« für Ruhestörung oder Hausflurverschmutzung angesichts des Hinweises des Gegenanwalts auf Strafbarkeit von Falschaussagen urplötzlich mucksmäuschenstill werden und kein einziger seine Verleumdungen vor Gericht wiederholen mag.

Krasser, cooler, grauenhafter: die Sensationsgeilen

Eng verwandt mit den Tratschern und Klatschern sind die Sensationsgeilen. Unfall- und Katastrophenshows wie *Hal-*

lo Deutschland oder *Brisant* versäumen sie nie. Was für den Pornoliebhaber der flotte Dreier, das ist für den Katastrophenfreak der Frontalzusammenstoß, die Bahnentgleisung oder gar der Flugzeugabsturz. Wann immer Mitbürgern ein Missgeschick – ob »nur« witzig wie das folgenlose Ausrutschen auf einer Bananenschale, dramatisch wie die Rettung aus einem brennenden Hochhaus oder tragischreißerisch wie der Massenmord eines durchgeknallten Schülers: Sofort bilden sich Horden von Schaulustigen, die möglichst alles mit dem Foto-Handy festhalten und ganz nebenbei auch noch die Arbeit der Rettungskräfte behindern.

Mittlerweile hat sich sogar ein regelrechter Katastrophentourismus etabliert. Ob Ground Zero nach dem 11. September 2001 oder der Tsunami im Indischen Ozean im Jahre 2004, der Hurrikan Katrina im Jahre 2005, das Elbehochwasser im Jahre 2002 oder die Überschwemmungswelle in der Schweiz, Österreich und Bayern im Jahre 2005: Schon bald nach dem Desaster rollen Gafferbusse an, werden Imbissbuden und Souvenirstände aufgebaut, nicht zu vergessen die jährliche Touristeninvasion beim Hochwasser in Köln, wo Zehntausende auf den Rheinbrücken die Überflutung der Altstadt live miterleben wollen.

Bereits im Jahre 1921 bot ein Inserat in den *Basler Nachrichten* »Reklamefahrten« im Auto über das »Schlachtfeld par excellence« von Verdun. Dort gebe es »keinen Quadratzentimeter Oberfläche, der nicht von Granaten durchwühlt wurde«, ebenda, wo »vielleicht 1,5 Millionen Menschen verbluteten«. Gleichzeitig werden »›erstklassige Verpflegung, Wein, Kaffee, Trinkgelder‹ inklusive zugesichert, und als besondere Attraktion könne man im Beinhaus von

Thiaumont der Einlieferung von ›nicht diagnostizierten Gefallenen‹ beiwohnen – das alles für 117 Franken«.[16]

Aber die Sensationsgier vieler Deutscher erschöpft sich natürlich nicht in blutigen Horrorausflügen: Boris in der Besenkammer, Seehofers fruchtbarer Seitensprung, Joschkas fünf Ehefrauen – so etwas bringt Auflage und Quote, von der Gigolo-Affäre der Milliardärin Klatten ganz zu schweigen.

Unerlässlich bei der Befriedigung der Sensationsgier vieler Deutscher sind natürlich die Superlative. So werden je nach Sender, Sendung oder Gossenmedium etwa fünfzig Mimen als »beste deutsche Schauspieler« bezeichnet. C-Promis, die keiner kennt, gelten als »berühmt«, und wer bei einer Möbelhauseinweihung in Kufstein singen durfte, als »internationaler Superstar«. Ansonsten ist auch der langweiligste Event, der unbegabteste Sänger und überhaupt alles, was passiert, *cool, hammer, geil, mega, ultra* oder *hyper*.

Stressig wird es allerdings, wenn es um echte Höchstleistungen, Sensationen oder herausragende Persönlichkeiten geht. Wenn schon ein Freiherr von und zu Guttenberg »Charisma« ausstrahlt[17], was strahlt dann Barack Obama aus? Wenn schon ein Unentschieden von Bayern gegen Bremen eine Sensation ist, was ist dann der Gewinn der Fußballeuropameisterschaft im Jahre 2004 durch Griechenland? Wenn schon Bill Kaulitz von Tokio Hotel ein Weltstar ist[18], was ist dann Paul McCartney?

Andererseits ist es mit der Inflation der Sensationen und Superlative ähnlich wie mit der des Geldes: Sie sind immer weniger wert.

Volkssport Jammern?

Die dümmliche These von den jammernden Deutschen hat zwei Seiten.

Zum einen ist es dummdreiste Häme, zum Beispiel Menschen, deren Arbeitsplatz offensichtlich am seidenen Faden hängt, die als alleinerziehende Hartz-IV-Empfängerinnen jeden Cent viermal umdrehen müssen, die wie aus heiterem Himmel ihren geliebten Partner verlieren oder als Senioren in überteuerten Privatheimen wie Tiere gehalten werden, Pessimismus und Zukunftsangst vorzuwerfen.

Ganz im Gegensatz dazu soll die angelsächsische Wortschöpfung »German Angst« *grundloses* Schwarzmalen, Grübeln, Zögern, Zweifeln bis hin zum *Weltschmerz* als pauschale Charaktereigenschaft, wenn nicht sogar als Hobby der Deutschen darstellen.

Nun kann man – ähnlich wie bei Zahnschmerzen – unmöglich pauschal feststellen, wann Jammern berechtigt ist. Wenn zum Beispiel eine 80-Jährige aus ihrer Wohnung, in der sie ihr gesamten Leben lang wohnte, und damit aus ihrem vertrauten Umfeld in einen anderen Stadtteil »umgesetzt« werden soll, ist das etwas anderes, als wenn ein Student aus Baden in Berlin ins Nebenhaus ziehen soll.

Und auch die Minderheit der schwarzen Schafe, die ihre Notlage selbst verschuldet haben, gibt es ja wirklich: den besoffenen Lkw-Fahrer ebenso wie die lebensgefährdend schusslige Krankenschwester, den betrügerischen Versicherungsdrücker ebenso wie die Kunden vergraulende Verkäuferin, und auch die Arbeitsscheuen sind keine reine Erfindung der FDP. Gleiches gilt bei Krankheit: Auch der waghalsige Motorradfreak, der im Rollstuhl landet, oder der Säufer, der um jeden Arzt einen großen Bogen macht und nun arbeitsunfähig ist, haben sich die Suppe selbst eingebrockt.

Not, Elend und tränenreiches Jammern besonderer Art war kürzlich im Fernsehen zu bewundern. Eine inzwischen verarmte Millionärswitwe musste ihr geliebtes Landhaus mit 24 Zimmern und vier Bediensteten gegen eine noble Fünfzimmerwohnung mit einer Zugehfrau tauschen, was sie als absolut demütigend und schmerzlich empfand.

Zum anderen drängt sich die Frage auf, warum die meisten es beim Jammern belassen und nicht im Sinne von Heiner Geißlers legendärem Appell »Wo bleibt euer Aufschrei?«[19] zumindest sinnbildlich auf die Barrikaden gehen. Aber gerade das ist ja nicht im Sinne der Herrschenden. Ob »linke« SPD oder Gewerkschaftsführer: Stets wird zwar im Allegro furioso »kämpferisch« gejammert, gleichzeitig aber jede noch so belanglose Aktion der Basis etwa gegen die Agenda 2010 oder speziell gegen Hartz IV im Keim erstickt. Nicht zufällig lief der damalige Chef der Eisenbahnergewerkschaft *Transnet,* Norbert Jansen, im Mai 2008, unmittelbar nach erfolgreicher Sabotage der Kampfmaßnahmen, zum »Klassenfeind« Bahn AG über. Dass Gerhard Schröder im Prinzip nichts anderes tat, als er als gerade ausgeschiedener deutscher Regierungschef schnurstracks quasi-faktisches Mitglied der russischen Regierung wurde, macht die Sache nur noch schlimmer. Wenn man also über deutsches Jammern oder gar über »German Angst« schwadroniert, dann sollte man diese Fakten berücksichtigen. Mit Feigheit und Duckmäuserei allein lässt es sich nämlich kaum erklären, dass ein Volk eine »Grausamkeit«

(Politikerdiktion) nach der anderen nahezu widerstands-
los erträgt und dann auch noch denen per Stimmzettel
zur Macht verhilft, denen die Politik noch nicht asozial genug ist.

2. Die Gierigen

»Lieber den Magen verrenkt als dem Wirt was geschenkt« ist ein Lebensmotto der gierigen Deutschen. Besonders die »Flatrates« von kaltem Buffet bis zum »Komasaufen« nutzen sie bis an die gesundheitlichen Grenzen und darüber hinaus. Und nicht nur das: Kellner wundern sich oft, warum nur der Familienvater die »Fressrate« bestellt hat, aber die Mutter und die drei Kinder ebenfalls kauen. »Freibier« wirkt auf die Gierigen wie ein hypnotisches Zauberwort, und »Geiz ist geil« geriet zu einem der wirksamsten Werbesprüche.

Nun ist es natürlich einigermaßen unverschämt, wenn Besserverdiener wie die frühere grüne Verbraucherschutzministerin Renate Künast schon im Jahre 2003 den Arbeitslosen von einer »Bio-Currywurst« mit Pommes und Mayo für 5,20 Euro vorschwärmen.[20] Und dies, obwohl zum Beispiel eine von ihrer Behörde in Auftrag gegebene Studie des Senats der Bundesforschungsanstalten herausfand: Ob Getreideprodukte, Kartoffeln, Obst oder Schweinefleisch – »die bisher vorliegenden Erkenntnisse erlauben aus wissenschaftlicher Sicht nicht den Schluss, dass der ausschließliche oder überwiegende Verzehr von ökologisch erzeugten Lebensmitteln die Gesundheit des Menschen direkt fördern würde«.[21]

Die Grenze zwischen dem berechtigten Interesse an einem Minimum an materiellem Wohlstand, dem »kleinen Zipfel vom Glück«, und materieller Gier ist natürlich fließend, etwa wenn sich kleine Leute als Aktienspekulanten versuchen. »Gier liegt im Wesen des Menschen«, meint zum Beispiel der frühere BDI-Präsident Hans-Olaf Henkel.[22]

Und tatsächlich: Ob die Anfang des Jahrtausends von Schauspieler Manfred Krug beworbene und kurz darauf furchtbar abgestürzte »Volksaktie« der Telekom oder die berüchtigten Lehman-Zertifikate – es waren ja nicht nur arglose senile Senioren, die sich diese Papiere aufschwatzen ließen. Wer nicht ganz mit dem Klammerbeutel gepudert ist, kann sich ganz einfach ausrechnen, dass mit den Rendite-Aussichten auch das Risiko steigt: Aber die Gier vernebelt das Hirn, und so übersahen Millionen die eigentlich unübersehbaren Warnsignale. Nebenbei: Ohne eigenes Zutun aus 1000 Euro binnen Jahresfrist 1200 Euro zu machen, mag verlockend sein – ein berechtigtes Interesse ist es nicht. Vor allem der Nationalsport Lotto beweist ja, dass der Traum »Wenn ich einmal reich wär« aus dem Musical *Anatevka* in vielen Menschen steckt.

Dem entspricht vor allem in den spießbürgerlichen Mittelschichten der Neid auf andere, weshalb beispielsweise die Einkommen meist voreinander geheim gehalten werden. Dies ist zwar häufig menschlich verständlich, da beispielsweise bei vielen Managern oder Fernsehmachern die fürstliche Entlohnung in groteskem Missverhältnis zur jämmerlichen Leistung steht. Der Neid des Pöbels allerdings trifft eher Leute aus dem Umfeld, also Nachbarn, Bekannte oder »Freunde«. Ob Auto oder Afrika-Safari, Wohnwagen oder Wochenendhaus: »Können die sich denn das leisten?«, lautet die Standardfrage. Besonders lustig wird es, wenn neidzerfressene Paare dann selbst aufeinander losgehen und sich als Versager beschimpfen: »Wieso haben wir so etwas nicht? Na ja, bei deinem Gehalt.«

Andererseits ist es aber auch kein Wunder, wenn das gemeine Volk nach den gleichen Vorteilen strebt wie die Reichen; schließlich leben die meist von Geburt an vor allem von leistungslosem Einkommen aus Kapitalbesitz. Und selbst ein ehrlich arbeitender Friseur machte ja in Zeiten der Börsenexplosion die merkwürdige Erfahrung, dass ihm der bloße Besitz von Aktien der Deutschen Bank in einem Monat mehr einbrachte als ein Jahr Schufterei.

Ob die Gier, wie Henkel hofft, »im Wesen des Menschen« liegt oder sich krebsartig von den parasitären Geldeliten nach unten durchfrisst, mag dahingestellt sein. Einstweilen handelt es sich noch um eine Minderheit. Der Normalbürger jedenfalls hat weder das Geld noch die Mentalität zur Spekulation mit Aktien, Zertifikaten oder sonstigen windigen Wertpapieren.

So ging nach dem *Verteilungsbericht 2009* der Hans-Böckler-Stiftung der Anteil der Bruttolöhne am Volkseinkommen von 71,0 Prozent im Jahre 1991 auf 68,3 Prozent 2009 zurück. Weiter wird in der Studie festgestellt: »Vom privaten Vermögen in Deutschland nach Abzug aller Schulden besitzt die ›untere‹ Hälfte der deutschen (erwachsenen) Bevölkerung per saldo fast nichts; 10 Prozent aus dieser Gruppe haben sogar nur negatives Vermögen bzw. Schulden. Auf der anderen Seite konzentriert die ›obere‹ Bevölkerungshälfte fast das gesamte private Netto-Vermögen auf sich, darunter allein die obersten 10 Prozent fast zwei Drittel davon. Besonders bemerkenswert ist: Innerhalb der beobachteten fünf Jahre haben nur die obersten oder reichsten 10 Prozent ihre Vermögensposition verbessern können, und zwar um gleich drei Prozentpunkte.«[23] Gier ist also nicht gleich Gier: Wenn ein hart arbeitender Stahlarbeiter davon träumt, ähnliche Lebensverhältnisse zu erreichen wie ein nicht arbeitender Milliardär, so ist das etwas ganz anderes, als wenn dieser Superreiche nach der achten auch noch nach der neunten und zehnten Milliarde lechzt.

Die Schwarzarbeiter

Eine beliebte Variante der Gier ist die Schwarzarbeit. Nach Berechnungen des Linzer Wirtschaftswissenschaftlers Friedrich Schneider sei die Schwarzarbeit 2009 in Deutschland um etwa sechs Milliarden Euro auf rund 253 Milliarden Euro gestiegen und werde 2010 wegen steigender Arbeitslosenzahlen um weitere fünf bis acht Milliarden Euro zunehmen. Harsche Kritik übt Schneider an den Managern und Bankern: »Die Selbstbedienungsmentalität vieler Wirtschaftsführer hat der Steuermoral im Land nachhaltig geschadet. Die Leute haben das Gefühl, die Schuldigen für das ganze Desaster kommen ungeschoren davon, während sie selber wegen am Wochenende verlegter Fliesen oder einer illegalen Putzfrau kriminalisiert werden.« Um den Deutschen die Schwarzarbeit auszutreiben, will Schneider, dass man Handwerkerrechnungen steuerlich besser absetzen kann und dass für ein Jahr die Mehrwertsteuer auf bestimmte Bauleistungen wie etwa Altbausanierungen aufgehoben wird. »Dann würde in Deutschland die Post abgehen – ganz offiziell.«[24]

Das ist natürlich irrsinnig originell. In Wahrheit geht es bei der Schwarzarbeit um die Stellung der Bürger zum Sozialstaat. Der braucht selbstverständlich Geld, um die Vielzahl seiner Aufgaben zu erfüllen. Ein armer Staat ist bekanntlich nur etwas für Reiche, denn die können von der Ausbildung ihrer Kinder bis hin zum Schwimmbad alles selbst finanzieren. Wenn also aus deren Sicht ganz logisch die Steuer schlechthin als überflüssig oder gar »Raub« und folglich Steuerhinterziehung als Notwehr dargestellt wird, dann braucht man sich nicht zu wundern – wie ja auch

Schneider zugeben muss –, wenn auch die Normalbürger dem nacheifern.

Der Linzer Professor sieht allerdings auch ökonomische Vorteile der Schwarzarbeit: »Hier erfolgt ja durchaus eine Wertschöpfung.« Natürlich würden durch Schwarzarbeit Steuern und Sozialabgaben hinterzogen, was Fiskus und Sozialkassen zwischen 20 und 25 Milliarden Euro jährlich koste. »Aber das schwarz verdiente Geld, das der Arbeitnehmer sonst nicht hätte, wandert nicht aufs Sparbuch, sondern wird wieder ausgegeben«, sagt Schneider. »Das ist ein schönes Konjunkturprogramm und hat den Konsum 2009 stabilisiert.«[25]

Will sagen: Wenn der Staat nicht von sich aus auf Steuern verzichtet, ist es schon ganz in Ordnung, wenn die Bürger trotzdem nicht zahlen. Bei alledem darf man aber nicht vergessen, dass die Hauptnutznießer nicht etwa die Schwarzarbeiter selbst sind, sondern in erster Linie ihre Auftraggeber. Weder ein Lehrerehepaar würde eine Putzfrau noch ein Baulöwe eine Hundertschaft schwarz beschäftigen, hätten sie nicht selbst einen enormen finanziellen Vorteil davon.

Brutto gleich netto – die Steuergangster

Wer über Schwarzarbeit redet, darf über Steuerbetrug nicht schweigen. Zur Beruhigung empörter Bürger wurde die Verjährungsfrist für Steuerhinterziehung von fünf auf zehn Jahre erhöht. So müssen bei Millionenbeträgen die Steuersünder künftig in aller Regel hinter Gitter, entschied der Bundesgerichtshof (BGH) bereits im Jahr 2008. Eine Aussetzung der Strafe zur Bewährung sei nur noch in Ausnahmefällen möglich.[26] Ein solcher Ausnahmefall war offenbar der frühere Postchef Klaus Zumwinkel. Er hatte laut Gericht über zwei Jahrzehnte hinweg fast eine Million Euro Steuern hinterzogen und dem Fiskus insgesamt 3,9 Millionen Euro vorenthalten, erhielt aber vom Landgericht Bochum lediglich zwei Jahre Haft auf Bewährung plus einer Million Euro »Bewährungsauflage«.

Aber auch sonst werden die Superreichen mit Samthandschuhen angefasst. So gilt seit 1. Januar 2009 eine Abgeltungssteuer von 25 Prozent auf Kapitaleinkünfte. Damit wird leistungsloses Einkommen, das man auch im Koma einstreichen kann, geringer versteuert als die Löhne und Gehälter ehrlich arbeitender Durchschnittsbürger. Aber selbst das hindert die Millionäre nicht an Steuerhinterziehung. Jährlich verliert der Staat dadurch 30 Milliarden, schätzt Dieter Ondracek, Chef der Deutschen Steuer-Gewerkschaft.[27]

Hinzu kommt noch ein weiterer Aspekt: »Wenn Sie einen Pulli kaufen oder den Fitnesstrainer bezahlen, dann bekommt der Staat für solche Produkte und Dienstleistungen eine Mehrwertsteuer. Finanzprodukte, die an der Börse verkauft werden, sind bislang steuerfrei. Wieso eigentlich?«, fragt Sonia Mikich in *Monitor*. »Warum so viel Schonung? ... Die Banken, die Zocker, die Verursacher milliardenschwerer Rettungsaktionen, die sollten finanziell mitbeteiligt werden beim großen Aufräumen.«[28]

Aufschlussreich in diesem Zusammenhang war die hysterische Reaktion der Betroffenen und ihrer Politiker auf den Ankauf einer gestohlenen CD mit den Daten Tausender Mitbürger durch den Bund, die ihr Geld in der Schweiz vor dem deutschen Fiskus in Sicherheit wähnten. Mindestens 400 Millionen Euro soll dies dem deutschen Staat einbringen, meldete die *Süddeutsche Zeitung* bereits im Februar 2010. Und da sind die Verluste durch »legale Steuertricks«, mit denen Steuerberater offen werben, ebenso wenig eingerechnet wie der »kleine« Steuerbetrug: Ein Familienschmaus beim Griechen wird als »Arbeitsessen« deklariert, ein Paris-Trip mit der Verlobten als »Dienstreise«, Grisham-Krimis als »Fachliteratur« und der Hobbyraum als »Arbeitszimmer«. Wenigstens hier sind die Eliten das, was sie sein wollen und eigentlich auch sollten: Vorbilder, an denen das einfache Volk sich orientiert. Nicht zufällig hat das jährlich aktualisierte Buch »Konz – 1000 ganz legale Steuertricks« des früheren Steuerinspektors Franz Konz seit Jahrzehnten einen Stammplatz auf den Bestsellerlisten.

3. Die Statussymbolischen

Kein Geld zu haben bedeutet aber keineswegs den Verzicht auf Statussymbole und Statusgehabe (mein Auto, mein Haus, mein Boot). Wer knapp bei Kasse ist, protzt auf Pump, und wer kein Geld zum Verreisen hat, verschwindet für drei Wochen mit Solarium im Heizungskeller und prahlt hinterher mit dem Traumurlaub auf Bali.

Geradezu verheerend aber war das Statusgehabe zu Zeiten der zwei deutschen Staaten. Um das Klischee vom »reichen Wessi« bedienen zu können, lieh sich Kalle aus Kölle einen dicken Mercedes und besuchte seinen Schwippschwager Manne aus Magdeburg, brachte ihm eine noch nicht bezahlte Flasche französischen Schampus mit und faselte etwas von seiner großen Karriere als Vertriebsleiter in einem Großkonzern, wo er in Wahrheit nur stellvertretender Bürobote mit 800 Mark netto war. Die Ostverwandtschaft aber glaubte die Märchen ebenso wie die Werbespots im Westfernsehen – und nach der Wende kam das böse Erwachen.

Dieses »mehr scheinen als sein« zeigt sich bis in albernste Details: Nicht nur Kids wollen sich mit Markenklamotten aufwerten, und selbst der Einkauf im Delikatessengeschäft oder der Besuch im Nobelrestaurant gilt manchen als Statussymbol, von Opernpremiere und Vernissage ganz zu schweigen. Legendär ist auch die *Tchibo-Rolex,* die im Gegensatz zur echten Schweizer Uhr seinerzeit nur 39,95 Mark statt 4650 (Herren) und 3250 Mark (Damen) kostete. Übrigens hat der BGH in einem Urteil vom 8. November 1984 diese Imitationen verboten. Begründung: Die Käufer müssten sicher sein, »dass Dritte die Modelle als hochwertige Luxusuhr erkennen«[29], wobei laut *manager magazin* der Edelchronometer »vom Vorstandsvorsitzenden bis zum Zuhälter«[30] zur Schau gestellt wird.

Beliebtes Statussymbol ist auch die Mitgliedschaft in Vereinen, je nach sozialer Hierarchie und Region bei den Schützen, Keglern, Skatspielern, Jägern oder Golfern, von dem elitären Pseudo-Samariterzirkel *Rotary Club* einmal ganz abgesehen. Selbst die Zugehörigkeit zu vermeintlich elitären Tennisclubs – man erkennt sie weniger an der sportlichen Qualität als an der Höhe des Jahresbeitrags – gilt manchen als Vehikel zum Prahlen. Nicht wenige dieser Mitglieder hatten noch nie einen Tennisschläger in der Hand.

Statusgehabe zeigt sich auch bei angeblichen und selbsternannten alternativen Trendsettern (»mein Szenecafé«), Ökofreaks (»mein Heidelbeertee«) und Linken (»meine kompletten Marx-Engels-Werke«). Die unsäglichen halbgebildeten Yuppies fabulieren in Kneipen für jedermann hörbar über frei erfundene Reisen »von Tokio über Singapur und Delhi mit Zwischenstopp in Sydney, über L. A. (Los Angeles), Frisco (San Francisco) und Las Vegas bis nach New York« und rufen sich gegenseitig auf dem Handy an, um Wichtigkeit vorzutäuschen und der Friseurin am Nebentisch zu imponieren, die sich ihrerseits als Bankerin ausgibt.

Überhaupt kennt der Einfallsreichtum der Deutschen beim Vorzeigen und Erfinden von Statussymbolen kaum Grenzen. Manche erwerben auf dem Flohmarkt Plastiktüten von Lacoste oder Dior und gehen damit bei Aldi oder Lidl einkaufen. Wieder andere schwenken lässig Ferrari-Autoschlüssel in der Hand, obwohl sie nicht mal einen Führerschein besitzen und sich kaum eine Umweltkarte der öffentlichen Verkehrsbetriebe leisten können. Wieder andere kaufen wissenschaftliche Literatur im Antiquariat: nicht des billigen Preises wegen, sondern weil sie mit den offensichtlich stark mitgenommenen Büchern vortäuschen können, sie selbst hätten sie gelesen, obwohl jeweils schon allein das Inhaltsverzeichnis für sie um Lichtjahre zu hoch ist.

Die Vereinsmeier

Drei Franzosen, lästert der Volksmund, bilden eine Ehe und drei Deutsche einen Verein. Obwohl weitaus die meisten Deutschen aus Spaß an der Freude Vereine gründen oder ihnen beitreten, sieht ein nicht unbeträchtlicher Teil unserer lieben Mitbürger darin eine Chance, sich – als Ausgleich für das Versagen im restlichen Leben – als große Macher aufzuspielen. Im Betrieb der Bürobote und Laufbursche, kann er als Kassenwart des Kampfpudelclubs oder als Schriftführer der Goldfischzüchter sein Ego aufbauen.
Mittlerweile sind fast 60 Prozent aller Bundesbürger in zumindest einem der rund 555 000 Vereine hierzulande Mitglied. Die Sportclubs machen mit mehr als 225 000 Vereinen mit etwa 23 Millionen Mitgliedern den größten Teil aus, aber auch in Automobilclubs (13 Millionen) und Jugendvereinen (8,5 Millionen) drängen sich die Mitglieder. Besonders berüchtigt sind die Laubenpieper (Schrebergärtner). Was hier zuweilen abgeht, kann durchaus als unfreiwilliger Geschichtsunterricht in Sachen Nationalsozialismus verstanden werden. Anstatt sich an ihrem kleinen Anwesen in freier Natur zu erfreuen, bespitzeln sich die

Laubenpieper gegenseitig, und zwar wegen der Einhaltung gewisser dubioser Vereinsregeln: Eine zu große Tanne muss unbedingt, eine Kiefer darf keinesfalls gefällt werden. Derlei schreiben allerdings höchst hoheitliche Bestimmungen wie das *Bundeskleingartengesetz* vor.[31] Wie viel Birnen muss ich mindestens und darf ich höchstens ernten? Kann ich mein Aufkommen an Äpfeln mit Blattspinat gegenrechnen, und muss ich eine Überproduktion an Spargel vernichten? Fragen über Fragen, mit dem dieses seltsame Völkchen gegen die eigene Lebensfreude ankämpft.

Tatsache ist: Bei Vereinen – selbst bei Jecken-Clubs – verstehen die Deutschen keinen Spaß. Dort sogar am allerwenigsten; man denke nur an die Verleihung des »Ordens wider den tierischen Ernst« des Aachener Karnevalsvereins. Dass die meisten der Preisträger noch humorfreier sind als Lüneburger Finanzbeamte oder Rosenheimer Sargträger, bedarf keiner Erläuterung. Wenn Stimmungskanonen wie Westerwelle oder Ex-Porsche-Chef Wendelin Wiedeking witzig werden wollen, ist Fremdschämen angesagt, von Fürstin Gloria und Friedrich Merz ganz zu schweigen. »Gewollt, aber nicht gekonnt« ist noch das freundliche Urteil über den angeblichen Humor der Aachener Preisträger. Andererseits: Herzliche Lacher ernten sie, wenn sie behaupten, sie machten eine Politik für das Volk.

Überhaupt unterliegt das deutsche Vereinswesen strengen gesetzlichen Regeln. So soll ein eingetragener Verein nach Paragraph 56 des Bürgerlichen Gesetzbuches mindestens sieben Mitglieder haben. Sind es weniger, macht's im Prinzip allerdings auch nichts.

In den Vereinen ist es wie im wirklichen Leben: Nicht die Organisationsformen, sondern die Menschen entscheiden.

So kann selbst ein Skatclub mit lockeren und netten Mitgliedern amüsanter und erbaulicher sein als verbissen-verschwurbelte Weltverbesserungscliquen, von den »Wohltätigkeits«-Zusammenrottungen ganz zu schweigen. Wie so etwas tatsächlich läuft und was hinter den Kulissen abgeht, lässt sich problemlos der Presse entnehmen. Nehmen wir zum Beispiel die Düsseldorfer »Society-Lady« – was auch immer das sein mag – Ute-Henriette Ohoven, bekannt als »Charity-Queen« und »Mutter Teresa in Chanel«, die mit ihrer Stiftung *Unesco – Bildung für Kinder in Not* seit 1991 schon 30 Millionen US-Dollar gesammelt haben will. Unter dem Titel »Champagner statt Charity« berichtet der *Stern* von Ohovens »Nacht der 1000 PS« im Sommer 2005 in Mannheim. Für 51 000 Euro hatte Fernsehkoch Tim Mälzer eine Angeberuhr ersteigert, aber nicht, um sie zu tragen. »Ist nicht mein Stil ... ich wollte etwas spenden.« Gala-Manager Christian Marek aber zog – angeblich wie vereinbart – die Partykosten ab und überwies nur 11 000 von insgesamt 67 800 Euro Gesamterlös an Ohovens Stiftung. Kurzum: Mälzers Kohle half nicht hungernden Kindern, sondern durstigen Schickimickis.

Die Gekniggten – »Das gehört sich nicht«

Eine klassische Mischung aus Halbbildung, Standesdünkel und »sein« ist der Missbrauch des Namens des Freiherrn Adolf von Knigge für affektiertes Benimm-Getue. Vornehmlich gelangweilte Gattinnen großspuriger Neureicher oder hochnäsige Erbinnen verarmter oder heruntergekommener Adliger wollen per Publikation oder Seminar den Rest der Menschheit darüber belehren, dass man zur Seezunge Chardonnay, zu Rehrücken aber Beaujolais serviert, wie der Galan der Dame weltgewandt in den Pelzmantel hilft und wem beim Vorstellen in der Opernpause zuerst die Hand zu geben ist.

Diese Benimm-Codes mögen von angetrunkenen Boulevardautoren oder bedröhnten Moderatorinnen ausgesponnen worden sein – mit Knigge haben sie nichts zu tun. Der nämlich schreibt keine einzige Zeile über die »Etikette« der schönen und reichen Nichtsnutze und Blender. Dass man Kartoffelsalat nicht mit den Fingern, einen Zwieback hingegen nicht mit Messer und Gabel isst, dürfte den meisten Mitbürgern auch ohne einen sündhaft teuren Benimmkurs geläufig sein, so dass eine derartige Nachhilfe in Sachen Umgangsformen bestenfalls für Vollblutbanausen (»Wer hält wem die Fahrstuhltür auf?«), Heiratsschwindler (»Wie lasse ich mir erfolgreich Geld aufdrängen?«) und berufliche Kriecher (»Wie plaudere ich beim Essen mit dem Chef?«) von Interesse sein dürfte, von einem Nutzen gar nicht erst zu reden.

Besonders amüsant wird es, wenn vermeintliche »Etikette« früherer Zeiten hirnlos nachgeplappert wird. So sollte man früher Kartoffeln nicht mit dem Messer zerteilen, weil dieses häufig aus Silber war und anlief und zudem eine nicht rostfreie Stahlklinge besaß, weshalb die Kartoffel deren unangenehmen Geschmack annahm. Ebenso sollte man bayerische Weißwürste nur bis Mittag servieren, weil es noch keine Kühlschränke gab. Nicht wenige unserer Benimm-Apostel kennen diese Hintergründe gar nicht, sondern tippen eher auf die Bibel als Quelle jener edlen Regeln.

Da lobt man sich den Anstandskurs des legendären Loriot,

in dem im Rahmen eines gepflegten Smalltalks vom »gepökelten Schwippschwager Ihres Namens in Elberfeld« die Rede ist. Und mal ehrlich: Wie krank oder knapp bei Kasse muss man eigentlich sein, um in einem Betrieb anzuheuern, dessen grenzdebiler Juniorchef Leute nicht wegen ihrer fachlichen Fähigkeiten einstellt, sondern wegen ihrer Eleganz beim Verzehr von Austern und Hummer und der Begabung, der halbverblödeten Gattin des Seniorchefs verlogene Komplimente über ihr geschmackloses Designer-Kostüm zu machen? Fest steht jedenfalls: Mit dem Freiherrn von Knigge haben diese Schmierenkomödien nichts zu tun. Seine Ratschläge »Über den Umgang mit Menschen« handeln vom Miteinander gesellschaftlicher Schichten, von Zwischenmenschlichkeit und dem Umgang mit Scheusalen und Langweilern, von Diplomatie, Fairness und Feinfühligkeit.

Nicht Knigge, sondern die Maniküren, Türsteher und Gossen-Zeitschriftenabonnenten dieser Welt wollen uns beibringen, dass Mann grundsätzlich keine weißen Socken und zum Frack keinen Rollkragenpulli trägt, während Frau im Abendkleid Rucksack und Turnschuhe zu vermeiden hat. Dieselben Benimm-Experten reden eine mit einem Professor verheiratete Ex-Prostituierte mit »Frau Professor« und eine Hilfskellnerin, die sich einen lustgreisen Diplomaten angeln konnte, mit »Frau Botschafterin« an.

Gleichwohl ist es ein tragikomischer Irrtum, dass Schleimen allein schon zum beruflichen Durchbruch verhilft. Schließlich sucht ein Firmenleiter oder Spitzenpolitiker im Normalfall weder einen rückgratlosen Kriecher noch einen charmanten Hausfreund für seine Frau, sondern einen nützlichen Mitarbeiter. Daher legten auch frühere »Linksradikale« wie der Ex-Krawallist Joschka Fischer, der Ex-

KPD-Chef und spätere *taz*-Chefredakteur Christian Semler, wie die früheren Maoisten und späteren rot-grünen Kabinettsmitglieder Jürgen Trittin und Ulla Schmidt, die damalige KPD-Frau und spätere Vize-Bundestagspräsidentin Antje Vollmer oder andere Maoisten, wie der *Handelsblatt*-Chef Bernd Ziesemer und der *WamS*-Feuilletonboss Alan Posener oder der Ex-Straßenkämpfer und heutige *Stern*-Star Hans-Ulrich Jörges beachtliche bürgerliche Karrieren hin, wohingegen die »konservativen« Muttersöhnchen zumeist eine farblose Existenz fristeten. Selbst Ausnahmen wie die Ministerpräsidenten Christian Wulff, Roland Koch, Peter Müller oder Günther Oettinger wird niemand ernsthaft als herausragende Volkstribunen oder Jahrhundertgenies bezeichnen.

Dass unseren »Alpha-Männchen« ihre Berufsgattinnen die zu den Lackschuhen passenden Designer-Socken und Einstecktücher herauslegen und dem Göttergatten womöglich noch den passenden Anstandsblumenstrauß für die Geliebte des Firmen- oder Parteichefs auswählen, hat jedenfalls nichts mit Knigge zu tun, nicht einmal mit üblichen Benimm-Regeln. Ob Weingläser am Stiel anzufassen oder die Speisen von der linken Seite zu servieren sind, dürfte für verwöhnte vermögende Möchtegerns von Belang sein, kaum aber für Normalbürger. Diese gekünstelte und aufgeblasene Spezies Mensch erinnert jedenfalls fatal an die dekadente lateinische Oberschicht kurz vor dem Untergang des Römischen Reiches.

4. Die Bildungsbürger

Als *Bildungsbürger* galt ursprünglich eine Mitte des 18. Jahrhunderts in Europa neu entstandene einflussreiche Schicht, die sich durch humanistische Bildung, Literatur, Wissenschaft und Engagement im Staate auszeichnete. Besonders stark vertreten waren Professoren, Pastoren, Lehrer, Apotheker, Ärzte, Rechtsanwälte, Richter, Kaufleute, Künstler, Ingenieure und leitende Beamte. Diese Berufsgruppen verband ein neuartiges Merkmal: Sie alle hatten es zumindest in ihrer Selbstdarstellung nicht aufgrund eines geburtsständischen Anrechts, sondern durch eigene Leistung zu etwas gebracht.

Grund für das Entstehen dieser Schicht in Deutschland gegen Mitte des 19. Jahrhunderts war die Angst vor einer gewaltsamen Revolution wie in Frankreich. Lieber wollte man durch ausgedehnte kulturelle Bildung einen gemäßigten, langsamen Übergang herbeiführen, durch den »kultivierte« Mitglieder des Bürgertums in politische Funktionen gelangen konnten. Um sich die Loyalität dieser neuen Elite zu sichern – schließlich brauchte der Adligenstaat jede Menge qualifizierter Beamter –, gab es zusätzliche Privilegien wie Steuervorteile, Befreiung vom Kriegsdienst und Bevorzugung vor Gericht.

Dieses neue Bildungsbürgertum definierte sich weder politisch noch wirtschaftlich, sondern administrativ-kulturell und trug somit entscheidend zur Entwicklung einer gesamtdeutschen Nationalidee auf kultureller Basis bei.

Heute dagegen dient das Bildungs- und Kulturgehabe vor allem der abstiegsängstlichen Mittelschicht als Abgrenzung gegenüber der (geistig-kulturellen) Unterschicht. Sie brüstet sich mit korrektem Deutsch (»Der Dativ ist dem Genitiv sein Tod«), brilliert mit halbgebildetem Smalltalk (»Pilawa-Wissen«), gibt sich als Gourmets und Weinkenner (»Das perfekte Dinner«) und prahlt mit dem Besuch von Theater, Oper und Vernissage. Typisch für diese Menschen ist das inhaltsleere Lexikalwissen: So kennen sie die Geburtsdaten deutscher Dichter auswendig, halten aber Schillers *Räuber* für eine »Tatort«-Folge und Goethes *Faust* für eine Profiboxer-Biographie. Und wenn sie tatsächlich einen auf gebildet machen, blamieren sie sich so erstklassig wie in jenem legendären Sketch von Loriot. Er und die viel zu früh verstorbene Evelyn Hamann schwadronieren im Flugzeug über die verträumte Poesie von Rainer Maria Rilke, derweil sie sich wie Diplomprolls mit Tomatensaft vollkleckern. Dieses Meisterwerk des großen alten Mannes des deutschen Humors wirkt wie ein Remake von Voltaires *Bürger als Edelmann:* Es geht nicht um die Freude an Bildung und Kultur als Selbstzweck, sondern darum, damit Eindruck zu schinden.

Über zwanzig Quizsendungen laufen allein im Ersten und in den Dritten Programmen, von »Star Quiz mit Jörg Pilawa« über »Das große Hessenquiz« und »Das Quiz der Deutschen« bis hin zu »Das unglaubliche Quiz der Tiere«, »Das große Geschichtsquiz«, »Das Schlagzeilenquiz« und »Stadt gegen Land – das Wissensduell«.

Da muss das ZDF natürlich aufholen. So moderieren die Lichtgestalten Guido Knopp und Markus Lanz »History! Das Quiz«, das »definitiv härteste Geschichtsquiz überhaupt im deutschen Fernsehen«, und Schwiegermutterschwarm Lanz außerdem das Promi-Quiz »Gut zu wissen« und »Das will ich wissen«.

So lobenswert es ist, dass die Öffentlich-Rechtlichen die

absolute geistig-moralische Unterschicht zu ihrer Zielgruppe erkoren haben, so kann man jedoch alles übertreiben.

Die – zweifellos oft verschrobene und reaktionäre, dennoch aber zu Recht so bezeichnete – *Bildung* wird zusehends ersetzt durch Halb- oder Unbildung. Ärgerlich und politisch gefährlich wird die Sache, wenn beide sich zur unausgesprochenen Übereinkunft einer gesellschaftlichen Mehrheit entwickeln.

Der Princetoner Philosophieprofessor Harry G. Frankfurt erfand in seinem gleichnamigen Buch den Begriff *Bullshit*. Der sei »immer dann unvermeidbar, wenn die Umstände Menschen dazu zwingen, über Dinge zu reden, von denen sie nichts verstehen«.[32] Und noch schlimmer: Wenn man mit Bullshit am Stammtisch, am Arbeitsplatz oder bei Familienfeiern offenbar gut durchkommt, wieso sich dann um echte Bildung bemühen?[33] Und droht dem Bullshitter einmal die Entlarvung, so lässt er »Improvisation, Farbe und Phantasie« freien Lauf: »Er ist darauf vorbereitet, bei Bedarf auch den Kontext zu fälschen.«[34]

Diese Art der Halbbildung ist für die Achtundsechziger-Legende Theodor W. Adorno schlimmer als Unbildung: Demnach »weiß die neue Gestalt des Bewusstseins unbewusst von ihrer eigenen Deformation. Darum ist Halbbildung gereizt und böse; das allseitige Bescheidwissen immer zugleich auch ein Besserwissen-Wollen.«[35] Unbildung dagegen »als bloße Naivität, bloßes Nichtwissen, gestattete ein unmittelbares Verhältnis zu den Objekten und konnte zum kritischen Bewusstsein gesteigert werden kraft ihres Potentials von Skepsis, Witz und Ironie – Eigenschaften, die im nicht ganz Domestizierten gedeihen. Der Halbbildung will das nicht glücken.«[36]

Und selbst »humanistische« Schulbildung – also mit Latein

und Altgriechisch – dient vielen Absolventen vor allem zum Angeben mit Fremdwörtern.

Unterm Strich bleibt die Erkenntnis, dass das Volk der Dichter und Denker sich in weiten Teilen zu einem der Schwätzer und Schwafler, Blender und Banausen entwickelt hat, wenn es das nicht ohnehin schon war.

Was bitte bedeutet »Bildung«?

Eben konnten wir die eher witzige Variante genießen; aber ein anderer Aspekt ist weniger lustig. Denn natürlich fordern auch die Unternehmer seit geraumer Zeit eine Reform des Lehramtsstudiums. So forderte Arbeitgeberpräsident Dieter Hundt aus Anlass des Weltlehrertags im Oktober 2005, das Studium müsse »praxisnäher werden«. Diese schicke Vokabel erinnert an die dem römischen Dichter Seneca zugeschriebene Mahnung »non scholae, sed vitae discimus« – »Nicht für die Schule, sondern für das Leben lernen wir«. Aber für *welches* Leben und Nähe zu *welcher* Praxis?

Hinter *Praxisnähe* kann sich alles Mögliche verstecken. Aus der Sicht eines Konzernbosses sind jene Lehrer gute Pädagogen, die ihre Schüler auf »praxistauglich«, also *marktwirtschaftstauglich* oder *fachidiotisch* trimmen. Und da die Bevölkerung in der Marktwirtschaft nun einmal aus einer winzigen Elite sowie einem Riesenheer von abhängig und gar nicht Beschäftigten besteht, kann man sich leicht ausrechnen, welche Art von Bürgern die Bosse für »tauglich« halten: die wirklich gebildeten, reflektierenden, kritischen Staatsbürger oder die fachidiotisch versierten, aber ansonsten eher simpel gestrickten und noch dazu leidensfähigen Menschen – ebendas von den Neoliberalen so genannte und so behandelte »Humankapital«?

Und natürlich wollen die Arbeitgeber für ihre Spendengelder auch eine Gegenleistung sehen. So mosert das *Institut der deutschen Wirtschaft* seit Jahren über »die staatliche Überregulierung des Unterrichts« und fordert »mehr Leistung, Kreativität, unternehmerische Initiative und Innovationsbereitschaft des Lehrpersonals«.

Dass für Marktradikale der gesamte auf der Menschenwürde gegründete Sozialstaat eine einzige Überregulierung ist, wissen wir längst. So ist es gegenüber diesen Lichtgestalten wohl nicht unfair, wenn man als ihr Idealbild einen eigenverantwortlichen Privatschullehrer unterstellt, dessen Gesundheitsaufklärung von einer Fastfood-Kette, einem Tabakkonzern und einem Alkopophersteller gesponsert wird und dessen Kulturunterricht im gemeinsamen Anschauen von »Gute Zeiten, schlechte Zeiten«, »Unter uns« oder »Marienhof« besteht.

Ist diese Zukunftsahnung Verfolgungswahn? »Was einst tabu war, wird nach und nach aufgebrochen«, jubiliert im Januar 2006 die *Zeit*. »Wer die Bildungsmisere in Schulen und Kindergärten überwinden will, braucht die Hilfe der Wirtschaft. Sie hat das Geld und das Know-how ... Unternehmen engagieren sich, vor allem an den Hauptschulen.« Man stelle sich wirklich einmal vor, die Schmuddelsender und Dickmacherfirmen sorgten schon ab dem Kindergarten für das leibliche und geistige Wohl unserer Kinder ...

Einer der moralfernsten Botschafter der Initiative Neue Soziale Marktwirtschaft, der Schweizer »Wirtschaftsprofessor« Thomas Straubhaar, vollzieht jedenfalls schon jetzt verbale Freudensprünge: »Die Wirtschaft hat bei der Bil-

dung eine riesige Aufgabe, schon im eigenen Interesse ...
Ein Unternehmen ist existenziell auf gute Arbeitskräfte angewiesen.«

Anders als die Bildungsbürger wollen die Reichen und
Mächtigen kein Rumprahlen mit pseudokulturellem Halb-
wissen, sondern willfährige Arbeitnehmer. Schon von daher tut man zum Beispiel der FDP und den Neoliberalen
anderer Parteien kaum unrecht mit der Vermutung, ihr
Ziel sei weniger mehr umfassende Bildung als vielmehr
mehr komplette Verblödung. Der perfekte, unpolitische
Fachidiot ist das Ziel.

Sinn und Unsinn von Statistiken

Nach einem Mikrozensus des Statistischen Bundesamtes
von 2008 hatten von den 71,2 Millionen mindestens
15 Jahre alten Bundesbürgern 39,2 Prozent einen Volks-
oder Hauptschulabschluss[37], 21,1 Prozent schafften die
Realschule, 6,6 Prozent die polytechnische Oberschule[38],
24,4 Prozent das Abitur oder das Fachabitur und 3,9 Prozent gar keinen Abschluss oder gingen höchstens sieben
Jahre lang zur Schule. 50,8 Prozent meisterten eine Lehre
oder Berufsausbildung,[39] 5,8 Prozent besuchten erfolgreich
eine westliche und 1,2 Prozent eine DDR-Fachschule.
5,0 Prozent glückte ein Fachhochschulabschluss[40], und
7,0 Prozent schlossen ein Universitätsstudium ab. Immerhin ein Prozent promovierte.[41]

Dies sagt natürlich recht wenig über das wirkliche Bildungsniveau aus: Uns allen sind irgendwann im Leben
steindumme Akademiker und blitzgescheite Bauarbeiter

untergekommen. Und was sagt schon die Schulbildung: Einer der ganz großen und noch dazu beliebtesten TV-Journalisten, Friedrich Nowottny, der den *Bericht aus Bonn* als langjähriger Moderator zur Kultsendung machte und später WDR-Intendant wurde, beendete seine Schulkarriere mit 17 Jahren. Andererseits erleben wir hordenweise Fernsehmacher, denen wir kaum ein Baumschulexamen zugetraut hätten.

Pisa und die lieben Kleinen

Ebenso irreführend können die *Pisa*-Studien sein.

Zugegeben: Ranglisten haben etwas Verführerisches, und Zahlen mit fünf Stellen hinter dem Komma erwecken den Eindruck von Exaktheit – manchmal sogar zu Recht, wenn es denn um Messbares geht. Dass etwa ein 100-Meter-Läufer seinen Rivalen um acht Tausendstelsekunden geschlagen hat, ist nachweisbar und eine seriöse Information. Ganz etwas anderes ist es mit den rein subjektiven Eindrücken von Kampfrichtern, ob beim Eiskunstlauf oder Turnen. Und genauso wie hier kommt so manch eine »wissenschaftliche« Erhebung zustande.

»Das Konsumklima prognostiziert für März einen Wert von 3,2 Punkten«, verrät uns Ende Februar 2010 das *manager magazin* unter Berufung auf die Gesellschaft für Kommunikationsforschung (GfK): »Im Vormonat hatte der Indikator noch bei revidiert 3,3 Punkten gelegen. Experten hatten allerdings einen stärkeren Rückgang auf 3,0 Punkte erwartet.«[42] Worin bitte unterscheiden sich 3,2 von 3,3 Prozent »Konsumklima«?

Und die Steigerung dieses Unsinns ist *Pisa*. Untersucht wird, ob die Schüler lesen und rechnen können und wenigstens einen Schimmer von Naturwissenschaften haben, also zum Beispiel wissen, dass ein Föhn nichts in einer gefüllten Badewanne zu suchen hat und sich die Sardinen nicht in Öl und in Dosen vermehren.

Nichts gegen derartige Tests, aber zum einen wendet man Multiple-Choice-Antworten an. Selbst Analphabeten können also die richtigen Antworten erraten. Zum anderen scheint es der Politik weniger um echte Verbesserungen als um kleinkariertes Prestige zu gehen. »Sachsen zieht den Bayern die Lederhosen aus«, kommentierte selbst *Zeit Online* eine Zwischenbilanz vom Herbst 2008, wonach das ostdeutsche Bundesland die Bajuwaren abgelöst hatte, im Stile einer Sportreportage.[43] Hervorgehoben wird allerdings, Sachsen weise zudem unter allen Bundesländern die geringste Kopplung der Leseleistung an die soziale Herkunft der Schüler auf. Sachsen besitze also nicht nur das beste, sondern auch das gerechteste Schulsystem. Allerdings habe auch Bayern hier aufgeholt. »Die Chance eines Akademikerkindes, auf das Gymnasium zu kommen, war – bei gleicher Leistung! – sechseinhalb Mal größer als die eines Facharbeiterkindes. Jetzt ist die Chance nur noch knapp dreimal so groß. Das ist noch immer ungerecht, aber deutscher Durchschnitt.«[44]

Die OECD aber wäre nicht die OECD, würde sie nicht auch *Pisa* in das für Marktradikale Entscheidende umrechnen, in Euro und Cent: »Würde man es schaffen, alle Schüler in den kommenden 20 Jahren mindestens auf das Basiskompetenzniveau von 400 *Pisa*-Punkten zu bringen, könnte Deutschland zwischen 2010 und 2090 eine zusätzliche Wirtschaftsleistung von 12 000 Mrd. US-Dollar zu heutigen Preisen erwarten, oder mehr als das Vierfache der gesamten Wirtschaftsleistung eines Jahres.«[45]

Aber so zweifelhaft die Aussagekraft der *Pisa*-Studien auch sein mag – wenn gewissen Politikern das Ergebnis nicht passt, verstehen sie keinen Spaß. Weil nach Unionsmeinung der ebenso offensichtliche wie peinliche Zusammenhang mit der sozialen Herkunft zu stark gewichtet wurde und Deutschland überhaupt zu schlecht wegkomme, drohten die christlichen Kultusminister im Jahre 2006 mit einem Ausstieg aus *Pisa* und nannten als Alternative unter anderem den *Bildungsmonitor* der industriefinanzierten INSM.

Zum Eklat kam es im März 2007, als der UN-Sonderberichterstatter für das Recht auf Bildung, der Rechtsanwalt Vernor Muñoz aus Costa Rica, dem UN-Menschenrechtsrat seinen Bericht über seine zehntägige Deutschlandtour vom Februar 2006 vorlegte. Es war ein Fragenkatalog, der zu einer einzigen Anklage gegen das Volk der Dichter und Denker wurde:

- Warum gibt es trotz des *Pisa*-Desasters und der »neuen« Einsicht, wie wichtig die ersten Lebensjahre auch für die Bildung sind, noch immer keine komplett kostenlosen Kindergartenplätze?
- Wieso werden sozial Schwächere absichtlich und gezielt und planmäßig von Anfang an dadurch entscheidend ausgegrenzt, dass schon in der Grundschule Bücher, Arbeitshefte und Klassenfahrten von den Eltern bezahlt werden müssen? Was ist überhaupt mit dem Recht auf kostenlose Grundbildung, wie es sie die Menschenrechtserklärung von 1948 seit über sechzig Jahren fordert?
- Wieso bekommt man das Problem der Schulschwänzer –

in Deutschland schätzt man die Zahl auf 400 000 – nicht in den Griff?[46] Wieso schaffen zehn Prozent der Jugendlichen keinen Schulabschluss?

Besonders hart ins Gericht ging Muñoz mit der Föderalismusreform: Durch die Verlagerung von immer mehr Kompetenzen auf die Länder gebe der Bund seine Möglichkeit aus der Hand, ein einheitliches und sozial gerechtes, zumindest aber ein chancengleiches Bildungssystem zu gewährleisten.[47]
Wo ein Wille ist, da ist auch ein Weg, heißt es; aber gerade am Willen scheint es zu fehlen. Zwar mangelt es nicht an Sonntagsreden, Lippenbekenntnissen und Wahlversprechen, aber das war's dann auch schon. »Nachhaltigkeit« oder »Generationengerechtigkeit« – meist dienen Sprechblasen dieser Art lediglich dazu, unsoziale Maßnahmen zu rechtfertigen und den Leidtragenden ein schlechtes Gewissen einzureden. So wird den Senioren eingeredet, sie würden mit ihren Renten das Kapital ihrer Enkel und Enkelsenkel verprassen – dabei landet von dem hier »Gesparten« kaum ein müder Euro bei den Familien oder in den Bereichen Kinderbetreuung oder Ausbildung, sondern verschafft »Spielraum« für die nächste Senkung irgendeiner Steuer der Reichen, ob sie nun Erbschaft, Vermögen, leistungsloses Einkommen aus Kapitalbesitz oder Spitzengehälter betrifft – oder aber, um bei der nächsten Finanzkrise die eine oder andere »systemrelevante« Bank durchzufüttern.
Das Schlagwort vom »Armutsrisiko Kind« geistert schon seit Jahrzehnten durchs Land; bei Frauen – und beileibe nicht nur bei den Akademikerinnen – kommt noch das Problem »Karrierekiller Kind« hinzu. Damit die Bevölke-

rungszahl wenigstens stabil bleibt, müssten 210 Kinder auf 100 Frauen kommen. Bei uns sind es 70 Sprösslinge weniger, und zwar 20 wegen der gestiegenen Kinderlosigkeit; 50 aber infolge des Aussterbens der Familien mit drei und mehr Kindern. »Viele Kinder haben in Deutschland angeblich nur noch die drei As«, lästert Markus Wehner in der *Frankfurter Allgemeinen Zeitung:* »Adlige, Ausländer, Asoziale.«[48]

5. Deutschland, einig Fernsehland?

Die Deutschen hängen wieder länger vor der Glotze, laut *Media Control* im Jahr 2009 täglich 212 Minuten, fünf Minuten länger als 2008. Die werberelevante Zielgruppe (14 bis 49 Jahre) steigerte den Fernsehkonsum um vier Minuten auf 182 Minuten. Dabei liegen Rentner, Arbeitslose und kinderlose Hausfrauen über dem Durchschnitt, Berufstätige und »Gebildete« darunter. Am längsten hielten es die Brandenburger, nämlich 262 Minuten, vor dem Bildschirm aus, bei den über 50-Jährigen sind die Berliner mit 333 Fernsehminuten pro Tag Spitze.[49]

Wie lange der Fernseher täglich läuft, ist abhängig von Ausbildung, Beruf, Einkommen und Alter. So liegt beim Ausbildungsniveau die Zeitspanne zwischen 162 Minuten (Abitur oder Studium) und 257 Minuten (Volksschulabschluss), beim Beruf zwischen 168 Minuten (leitende Angestellte, Freiberufler, höhere Beamte) und 250 Minuten (einfache Arbeiter), beim Einkommen zwischen 149 Minuten (über 4000 Euro netto) und 311 Minuten (unter 1000 Euro). Arbeitslose bringen es sogar auf 319 Minuten. Beim Alter schwankt die Zahl zwischen 93 Minuten (3–13 Jahre) und 289 Minuten (über 65 Jahre).[50]

Dazu im Widerspruch steht eine GfK-Umfrage von 2009 nach den beliebtesten Freizeitbeschäftigungen der Deutschen: Dass »Musik hören« mit 78 Prozent Platz 1 belegt, mag man ja noch glauben, aber dass »Bücher lesen« mit 67 Prozent auf Rang 5 folgt, »Fernsehen« aber mit 50 Prozent noch hinter »Kochen und Backen« nur Platz 13 belegt, lässt doch stark an der Umfragequalität oder an der Wahrheitsliebe unserer Mitbürger zweifeln. Andere GfK-

Untersuchungen zeigen nämlich, dass die Deutschen das Fernsehen fest in den Tagesablauf integriert haben und ein Drittel den Apparat sogar während des Abendessens laufen lässt.[51]

»Ein Übermaß an Medienkonsum macht dick, dumm, krank und traurig«, ergab die Untersuchung *Die Pisa-Verlierer – Opfer ihres Medienkonsums* des Kriminologischen Forschungsinstituts Niedersachsen. Kinder mit eigenem Fernseher oder PC schauen mehr und brutalere Filme. Außerdem hätten sie schlechtere Schulnoten vor allem in Deutsch, Sachkunde und Mathematik, weil natürlich die Zeit zum Lernen fehle. 124 Minuten täglich hockten die Fernsehbesitzer vor der Glotze, die ohne eigenes Gerät nur 70. Betroffen seien besonders Jungen und Kinder aus sozial schwachen Familien und von Migranten.

Als Allheilmittel propagiert Niedersachsens CDU-Kultusminister Bernd Busemann die Ganztagsschule, durch die der Tagesablauf »gut strukturiert und ausgefüllt« werde.

Und was ist mit den Kleinkindern?

»Zeichentrickfilme machen kleine Kinder aggressiv«, fanden US-Wissenschaftler bei zwei- bis fünfjährigen Jungen heraus. Cartoons wie *Tom und Jerry* seien deshalb gefährlich, weil sie vortäuschten, dass man Gewalteinwirkungen unbeschadet überstehe.[52]

Wozu das Fernsehen?

Ganz allgemein besteht die Funktion des Fernsehens in Ablenkung vom Alltag, Entführung in Traumwelten sowie politischer Manipulation und Meinungsmache. Selbstverständlich sind die Übergänge fließend und Überschneidungen zwangsläufig. Dabei ist in allen drei Komplexen das Angebot auf die Zielgruppen abgestimmt, folglich wird also zum Beispiel zwischen Jung und Alt und Mann und Frau ebenso unterschieden wie zwischen Arm und Reich – schließlich ist ja Ziel und Maßstab gerade bei den Privatsendern fast ausschließlich das Geldverdienen; nur deshalb sind die Quoten wichtig, weil von ihnen nicht nur die Werbespot-Einnahmen, sondern auch die Zahl der Anrufer bei Telefonabstimmungen abhängen – die bei manchen Sendungen, wie »Deutschland sucht den Superstar« oder »Germany's next Topmodel«, mehr Kohle einbringen sollen als die Werbung. Ähnliches gilt für die zahleichen als *Quiz* getarnten Glücksspiele: Dafür bräuchte man nämlich nach Paragraph 284 StGB eine behördliche Erlaubnis.

Ablenkung: abschalten von Alltag und Politik

Beim Begriff *Unterschichtenfernsehen* sehen die Privaten natürlich rot, vor allem wenn er mit »Hartz-IV-TV« übersetzt wird. Welcher ihrer Kunden – außer den Anbietern von Handys, Hightech-Fernsehern und Videospielen sowie Baumärkten – macht schon Werbung für Habenichtse? Aber trotz aller albernen »Studien« der Marke »Auch Nobelpreisträger und Minister schauen *Richterin Salesch* und *Bauer sucht Frau*«[53] sind auch für den unbefangenen Beobachter eklatante Niveau-Unterschiede erkennbar: Zwischen *Tatort* und *Cobra 11* oder *Loriot* und *Cindy aus Marzahn* ebenso wie zwischen *Anna Maria Kaufmann* und *Claudia Jung* oder *Wir sind Helden* und den *Wildecker Herzbuben*. Nun kann man natürlich mit dem Universalargument kommen, über Geschmack lasse sich nicht streiten; wohl aber darüber, ob nicht eingefleischte Durchschnittsfans volkstümlicher Musik über ein anderes soziales Umfeld und einen anderen IQ verfügen als die Liebhaber von Jazz oder Blues. Was also die einen als willkommene Ablenkung und Hilfe beim »Abschalten« empfinden, ist für die anderen schlicht nervig – und umgekehrt.

Die Hauptfrage indes ist gar nicht, *womit*, sondern *wovon* wir abgelenkt werden sollen, was übrigens auch für die Boulevardpresse gilt. Ist Ballacks heimtückisches Daumenjucken wichtiger als die Lage in Afghanistan, die Hochzeit des Prinzregenten von Absurdistan bedeutsamer als der *Telekom*-Datenskandal, muss man über eine Familientragödie drei Minuten, über die Weltumweltkonferenz aber nur 40 Sekunden berichten, und wieso ist die tumbe Unfallvoyeurs-Show *Brisant* 15 Minuten länger als die kritischen Magazine *Monitor* und *Panorama*?

Zyniker könnten sagen, mit ihrem insgesamt unterirdischen Programm bringen ARD und ZDF die Jüngeren endlich von der Glotze weg. Nur ist zu befürchten, dass viele von ihnen nicht beim »guten Buch« landen, sondern bei den Privatsendern.

Realitätsflucht gegen die Einsamkeit

»Ich bin Lisa Plenske«: Gerade schüchternen »Mauerblümchen« gerät – unabhängig von Geschlecht und Alter – die Ablenkung zur Realitätsflucht. Nicht zufällig wurde *Verliebt in Berlin* mit jeweils etwa fünf Millionen Zuschauern für SAT.1 die erfolgreichste Serie aller Zeiten und Lisa Plenske alias Alexandra Neldel als »hässliches Entchen«, das zum Schluss von Folge zu Folge immer mehr zum bildhübschen Model mutierte und schließlich auch ihren Traumprinzen heiratete, das ideale Identifikationsobjekt frustrierter Mädchen und Frauen. Wurstverkäuferinnen und Oberschülerinnen, Alleinerziehende, ernüchterte Ehegattinnen und sogar wehmütige Seniorinnen träumten sich in Lisa hinein; deren Glück wurde ihnen wichtiger als ihr eigenes, wenig berauschendes Leben: Lisa war das, was Kaiserin Sissi für unsere Großeltern war. Jungen hingegen träumen, sie wären Schumi, Ballack oder einer der Klitschkos – am besten gleich alles in einer Person.

Und bei diesen Tagträumen setzt manch andere Serie wie *Sturm der Liebe* oder *Gute Zeiten, schlechte Zeiten* mit politischer Verblödung an: Da kommt einer hereingeschneit und ist im Nu ohne Ausbildung Geschäftsführer eines 3-Sterne-Restaurants, eine andere ist nach einem Wochenendkurs Arzthelferin oder wird über Nacht vom Zimmermädchen zur erfolgreichen Modedesignerin, und wieder andere bekommen sofort eine Lehrstelle oder stellen sich, wenn alles nichts hilft, als tot geglaubter Millionärssohn heraus. Da lebt man doch lieber deren Leben als sein eigenes.

Gefährlich wird's allerdings, wenn manche Menschen tatsächlich Wirklichkeit und Fiktion nicht mehr unterscheiden können und die Glotze als Angstmacher fungiert. So fürchten sich laut einer Studie der *Deutschen Gesellschaft für Chirurgie* Patienten, die überdurchschnittlich häufig Krankenhaus- und Arzt-Serien im Fernsehen anschauen, mehr vor einem bevorstehenden stationären Klinikaufenthalt. Demnach erkennen Zuschauer eine Sendung »nicht als das Produkt eines Teams von Fernsehschaffenden, das auf eine hohe Einschaltquote abzielt. Dadurch vermischen sie Fiktion und Wirklichkeit.«[54]

Man kann es aber auch positiv sehen: US-Studien behaupten, »Beziehungen« zu den Stars von Fernsehsendungen könnten »die Einsamkeit mindern und Gefühle der Zugehörigkeit fördern«, besonders wenn es um die Helden der eigenen Lieblingssendung gehe.[55] Ganz anderer Meinung ist der Medienforscher Christoph Kuhlamm von der TU Ilmenau: »Wer ständig vor dem Fernseher sitzt, kann nicht gleichzeitig Sozialkontakte pflegen … Mediennutzung betäubt Einsamkeit: Wer seine Abende allein vor dem Fernseher verbringt, ist zwar vielleicht einsam, merkt es aber womöglich gar nicht mehr.«[56]

Dazu würde der frühere RTL-Macher Helmut Thoma vermutlich etwas Ähnliches von sich geben wie 1990: »Der Wurm muss dem Fisch schmecken und nicht dem Angler.«[57]

Manipulation: »Es kam doch sogar im Fernsehen«

Reinhard Meys Ballade von 1984 *Was in der Zeitung steht* war gestern. Heute gilt: »Haben die im Fernsehen selber gesagt.« Das deutsche Duckmäusertum taucht hier wieder auf, und zwar als blinde Mediengläubigkeit.

Viele unserer Landsleute nehmen für bare Münze, was die »Experten« bei *Illner, Anne Will, hart aber fair, Tagesthemen* oder *heute journal* von sich geben, ohne zu ahnen, dass ein Großteil dieser »Fachleute« für die von Arbeitgeberverbänden finanzierte *Initiative Neue Soziale Marktwirtschaft* (INSM) unterwegs ist. »Der Staat muss sparen, der Sozialstaat ist nicht mehr bezahlbar, Gemeineigentum muss privatisiert werden, die Steuern müssen runter«, derartiges marktradikale Gedankengut wird häufig nicht nur blind übernommen, sondern auch im Kreise der Familie, der

Nachbarn, Kollegen, Kegelfreunde und Stammtischbrüder oder Kaffeekranzschwestern im Brustton der Überzeugung vertreten.

Selbst die Wortwahl ist entscheidend, gerade in den »objektiven« Nachrichtensendungen: Der *Sozialabbau* wird zur *Reform,* der Kampf dagegen zum *Blockieren,* der Stapel unerfüllter Wünsche der nimmersatten Konzerne zum *Reformstau.* Als die UdSSR als Besatzer Afghanistans von der Nato abgelöst wurde, mutierten die Taliban inklusive Osama Bin Laden urplötzlich von *Widerstandskämpfern* zu *Terroristen.* Und ob eine Regierung der Nato freundlich oder eher ablehnend gegenübersteht, könnte selbst der politische Laie daran erkennen, ob die Oppositionskräfte *Rebellen* oder *Freiheitskämpfer* genannt werden. Aber der Fisch stinkt vom Kopfe her, wie sich am Beispiel des Verwaltungsrats zeigt, der Ende 2009 den Vertrag von Chefredakteur Nikolaus Brender nicht verlängerte. »Damit ist der Journalist zum Opfer einer parteipolitischen Machtdemonstration geworden«, kommentierte *Spiegel Online.* »Damit hat sich Hessens Ministerpräsident Roland Koch durchgesetzt.«[58] Kein Wunder eigentlich, denn im mächtigen Verwaltungsrat sitzen neun Vasallen der CDU und fünf der SPD. »Gezeigt hat sich nun, dass Ministerpräsidenten die Macht haben, den Chefredakteur eines öffentlich-rechtlichen Senders abzulösen«.[59]

Beträfe es nicht unsere schöne deutsche demokratische Bundesrepublik, so müsste man glatt von einem *Staatsfernsehen* reden. Andererseits sagt man doch, jedes Volk habe die Regierung, die es verdient. Gleiches gilt auch für das Fernsehen und seine Verantwortlichen.

Aber gibt's nicht zum Glück noch das Privatfernsehen? Von den sechs erwähnenswerten gehören RTL, RTL2 und

Vox der Bertelsmann AG, Pro Sieben, SAT.1 und Kabel 1 den Heuschrecken KKR und Permira.

Dass die Herrschaft weniger Konzerne über unsere komplette Medienlandschaft (das Internet hier einmal ausgeklammert) mit der im Grundgesetz garantierten Meinungs- und Informationsfreiheit nicht mehr das Geringste zu tun hat, bedarf keiner Erläuterung.

> Jeder hat das Recht, seine Meinung in Wort, Schrift und Bild frei zu äußern und zu verbreiten und sich aus allgemein zugänglichen Quellen ungehindert zu unterrichten. Die Pressefreiheit und die Freiheit der Berichterstattung durch Rundfunk und Film werden gewährleistet. Eine Zensur findet nicht statt.
>
> Grundgesetz, Artikel 5, Absatz 1

Natürlich hat jeder das Recht, einen Sender oder eine Zeitung zu gründen oder sich eine Hochseeyacht zu kaufen – vorausgesetzt, er hat das nötige Kleingeld. Aber es ist wie überall im Leben: Ein Recht zu haben und es ausüben zu können, sind eben zweierlei.

Teil II
Deutsch – was sonst?

Wer sich als Deutscher outet, hat damit zunächst nur etwas über seinen Herkunftsstaat verraten. Aber dann wird's schon schwierig: Ist er ein Homburger Hartz-IV-Empfänger oder ein Hamburger Wirtschaftsbetrüger, ein Bremer Bettler oder ein Münchener Multimillionär? Eine Dortmunder Supermarktkassiererin will ebenso wenig mit einem Dresdner Skinhead in einen Topf geworfen werden wie ein Rostocker Pfarrer mit einem Rosenheimer Zuhälter.

Hinzu kommen die regionalen Unterschiede, allein schon bei Speis und Trank: Handkäs und Äppelwoi in Hessen, Labskaus und Doppelkorn in Hamburg, Grünkohl mit Pinkel in Bremen, Rostbraten und Kölsch im Rheinland, Dicke Bohnen mit Speck und Pils in Westfalen, Eisbein und Berliner Weiße in Berlin, Maultaschen und Trollinger in Schwaben, Schäufele und Bocksbeutel in Franken, Schweinshaxe und Weißbier in Bayern, Rostbratwurst und Rotkäppchen-Sekt in Thüringen, Soljanka und Radeberger in Sachsen.

Fragt sich also, was die *deutsche Identität* ausmacht und ob es sie überhaupt gibt. Die Sprache allein kann's nicht sein, sonst wäre Österreich ein Teil von Deutschland – wohin das geführt hat, wissen wir aus den Geschichtsbüchern. Gibt es Gemeinsamkeiten, die die Deutschen vom Rest der Welt unterscheiden oder sie zumindest miteinander verbinden? Gibt es zum Beispiel eine »deutsche Leitkultur«?

1. Leitkultur

Der Begriff stammt vom Politologen Bassam Tibi, einem Deutschen syrischer Herkunft. Tibi wollte damit die Forderung nach einer wirklichen Integration von Einwanderern unterstreichen, erreichte aber eher das Gegenteil in Gestalt der Mobilisierung des rechten Sumpfes. Tibi selbst ging es 1998 in seinem Buch *Europa ohne Identität* um eine *europäische* Leitkultur auf der Grundlage westlicher Vorstellungen: »Die Werte für die erwünschte Leitkultur müssen der kulturellen Moderne entspringen, und sie heißen: Demokratie, Laizismus, Aufklärung, Menschenrechte und Zivilgesellschaft.«[60]

Zeit-Herausgeber Theo Sommer machte daraus das Reizwort *deutsche Leitkultur:* »Integration bedeutet zwangsläufig ein gutes Stück Assimilation an die deutsche Leitkultur und deren Kernwerte.«[61]

Auf Sommer wiederum bezog sich im Oktober 2000 der damalige Fraktionsvorsitzende der CDU im Bundestag, Friedrich Merz, als er Regeln für Einwanderung und Integration als freiheitlich-demokratische deutsche Leitkultur forderte und gleichzeitig gegen »Multikulturalismus« wetterte.[62] Überhaupt überschlug sich die Union seinerzeit mit »patriotischen« Vorschlägen: Christian Wulff forderte Einbürgerungsfeiern, bei denen die neuen Deutschen einen Eid ablegen, der damalige rheinland-pfälzische CDU-Führer Christoph Böhr das Absingen der Nationalhymne nach Examensfeiern.[63]

Sommer und Tibi verwahrten sich gegen einen solchen Missbrauch des Begriffes Leitkultur[64], und der Philosoph Jürgen Habermas stellte klar: »In einem demokratischen

Verfassungsstaat darf auch die Mehrheit den Minderheiten die eigene kulturelle Lebensform – soweit diese von der gemeinsamen politischen Kultur des Landes abweicht – nicht als sogenannte Leitkultur vorschreiben.«[65] Von derlei Mahnungen völlig unbelastet, schrieben CDU und CSU im Jahre 2007 die Leitkultur in ihre Grundsatzprogramme. Und auch die CDU-Koryphäe Roland Pofalla rührte zackig die deutschnationale Werbetrommel.

> Ist es etwa deutsche Leitkultur, Fremde zu jagen, Synagogen anzuzünden, Obdachlose zu töten?[66]
>
> Paul Spiegel

Gustav Seibt entlarvte in der *Berliner Zeitung* derlei »Patriotismus« als Versuch, den rechten Rand zu gewinnen: »Bayern hat kein Ausländerproblem. In München haben sich 23 Prozent nichtdeutsche Bürger der bayerischen Leitkultur ausgezeichnet angepasst, bis hin zum Gebrauch der süddeutschen Mundart und dem starken Bierverzehr.«[67] Selbst Bundestagspräsident Norbert Lammert mischte sich ein, um Tibi zu verdrehen: »Eine solche europäische Leitidee kann sich nur beziehen auf gemeinsame kulturelle Wurzeln, auf eine gemeinsame Geschichte, auf gemeinsame religiöse Traditionen. Dieses vereinende Fundament bleibt konstitutiv für die europäische Identität.«[68] Und Sabine Christiansen fragte im Januar 2006: »Wie kann man aus Ausländern ›gute Deutsche‹ machen?«[69] In dieser Debatte hat sogar ausnahmsweise der Grünen-Chef Cem Özdemir recht: Wer unter dem Begriff der »deutschen Leitkultur« den Versuch verstehe, Menschen zu assimilieren, also um jeden Preis ihre Anpassung an hiesige Lebensverhältnisse fordere, der verkenne die gesellschaftliche interkulturelle Realität in Deutschland.

Tatsächlich: Von Einwanderern zu fordern, sie sollten im Dirndl Schweinshaxe verzehren, sich bis zum Wachkoma mit Obstler oder Doppelkorn volllaufen lassen, sonntags zum gottesfürchtigen Gottesdienst gehen und kurz darauf ihre Partner mit Prostituierten betrügen, ist schon ein wenig dummdreist. Vielleicht gibt's ja demnächst auch Pluspunkte für die Einbürgerung, wenn man ein Jahresabo für »Das Schwachmatenfestival der Volksmusik« oder fünf Besuche des »Peinlichkeitsevents für Lustgreise« mit Florian Silbereisen im Münchener Hofbräuhaus nachweisen kann.

Andererseits baute der Kölner Kabarettist und Karnevalprofi Jürgen Becker mit überwiegend muslimischen Hauptschülern einen »Jeckenwagen« – und meint: »Schöner kann Integration für mich kaum sein: am Karnevalssonntag mit lauter Moslems durchs katholische Köln zu fahren.«

Und wenn ein Edmund Stoiber, der am Abend der Bundestagswahl 2005 herumfaselte: »Ich will noch kein Glas Champagner öffnen«[70], den Einwanderern die deutsche Sprache und sogar die Leitkultur beibringen will[71], packt einen nur noch nasskaltes Grauen oder hämisches Grinsen.

Genau das ist aber die »Leitkultur«, die unsere Deutschnationalen den Einwanderern aufzwingen wollen. Falsches Deutsch, verworrene Inhalte plus eine Prise »Vaterland«. Würde es für die deutsche Staatsbürgerschaft ähnlich wie beim TÜV eine periodische Überprüfung der Sprachkenntnisse geben, wären Stoiber und mit ihm Hunderttausende andere »Patrioten« längst staatenlos. Fliegen also am Ende diejenigen durch die Einbürgerungsprüfung, die besseres Deutsch sprechen, sich klarer ausdrücken und den Geist des Grundgesetzes richtiger interpretieren können als viele unserer Politiker? Auffällig sind die Einbürgerungsvorteile für »Volksdeutsche«, besonders aus Russland.

Adam Soboczynski berichtet in der *Zeit* über die Ghettoisierung zum Beispiel in manchen Supermärkten im Ostberliner Bezirk Marzahn-Hellersdorf, wo 25 000 russische Aussiedler leben sollen: »Wer hier eintritt und eine der Mitarbeiterinnen, die behende Ware auspacken, auf Deutsch anspricht, erntet ein verschämtes Kopfschütteln und eine russische Antwort. Marzahn heute, das ist so russisch, wie es zu DDR-Zeiten niemals war.«[72] Grund für die unter der Regierung Kohl äußerst großzügige Einbürgerungspraxis: Man schätzte, dass diese »Volksdeutschen« Schwarz wählen. »Was Flüchtlingen und ›Gastarbeitern‹ vorenthalten blieb, wurde den Russlanddeutschen gewährt: Eingliederungshilfen, die deutsche Staatsbürgerschaft und Sprachkurse.«[73]

Dass diese Menschen, ähnlich wie zum Beispiel manche türkischstämmigen Deutschen, ein merkwürdig übersteigertes Nationalgefühl entwickeln oder vorspielen, einfach, um als Deutsche anerkannt zu werden, liegt auf der Hand. Unvergessen sind die Szenen der Fußball-WM 2006, als diese Mitbürger prozentual häufiger ihre Autos mit der schwarz-rot-goldenen Flagge schmückten als die »Ur-Deutschen« selbst.

2. Die Hinterwäldler

Was Hinterwäldler, im Volksmund auch liebevoll Dorf-trottel genannt, nicht kennen, das fressen sie nicht, und wen sie nicht kennen, den mögen sie nicht. Nicht nur Ausländer, selbst regions- und dorffremde Deutsche sind ihnen unheimlich und unsympathisch. Sie halten das Deutsche für das Maß aller Dinge, und deutsch ist für sie automatisch alles, was sie kennen. Dass die Kartoffel und die Tomate aus Südamerika und nicht aus dem Ruhrpott stammen, »Kiosk« ein türkisches Wort ist und die Deut-sche Bank gar nicht Deutschen gehört, ahnen sie nicht einmal im Traum. Dass die Österreicher Maximilian Schell, Wolfgang Amadeus Mozart, Udo Jürgens für sie ebenso Deutsche sind wie der Italiener Markus Lanz, der Schwei-zer Bruno Ganz, der Tscheche Franz Kafka oder die bri-tische Literaturnobelpreisträgerin Doris Lessing, versteht sich am Rande.

Hinterwäldler wohnen heutzutage nicht mehr auf Bäu-men, nicht einmal unbedingt im Hinterwald, sondern so-gar in Großstädten, verhalten sich aber ähnlich wie unsere Vorfahren in der Phase des Übergangs vom Affen zum Menschen. Ihr Rudelverhalten reicht von der Ausgren-zung missliebiger Stammesangehöriger – zum Beispiel alleinerziehender Mütter – bis hin zur Selbstjustiz. Unver-gessen ist der Fall Marianne Bachmaier, die am 6. März 1981 den wegen Sexualdelikten vorbestraften Mörder ihrer Tochter, Klaus Grabowski, bei dessen Prozess im Gerichtssaal erschoss.[74] Und ebenso wie bei der erwähn-ten Asylbewerberhatz von Hoyerswerda applaudierten auch hier nicht wenige. Zuweilen scheint es, als werde der legendäre Film *M – eine Stadt sucht einen Mörder* von Fritz Lang aus dem Jahre 1931 durch die Hinterwäldler nachgespielt.

Nun sollte man allerdings nicht vergessen, dass den Hinterwäldlern die Verachtung des Rechtsstaats von der Politik vorgemacht wird.

So hält der Staatsrechtler Otto Depenheuer, engster Berater von Ex-Innenminister Wolfgang Schäuble (CDU), eine Sicherungsverwahrung ohne Gerichtsbeschluss nach dem Muster von Guantánamo auch in Deutschland für möglich: »Der Staat darf gefährliche Menschen nicht einfach frei herumlaufen lassen«.[75]

Über Schäuble selbst schrieb die *Zeit:* »Die alten Kategorien der internationalen Rechtsordnung passten nicht mehr für den Kampf gegen Terrorismus, sagt er und hält die Möglichkeiten des Rechtsstaates für erschöpft. Er will deshalb neue schaffen, um den ›neuen Bedrohungen‹ zu begegnen. Kritiker sagen, er selbst sei inzwischen eine Bedrohung, denn er wolle ein Kriegsrecht einführen und rechtsstaatliche Grundsätze wie Tötungsverbot und die Unschuldsvermutung abschaffen … Wo die Grenze sei, wurde er gefragt. Seine Antwort: Es gibt keine. ›Die rote Linie ist ganz einfach: Sie ist immer durch die Verfassung definiert, die man allerdings verändern kann.‹«[76] Im Klartext: Schon morgen können auch linke Sozialdemokraten und Gewerkschafter zu »Terroristen« ernannt werden, vielleicht sogar alle Glatzköpfe, wie Ephraim Kishon 1997 in seiner Satire *Mein Kamm* prophezeite.[77]

Aufgrund ihrer geistig-moralischen Beschränktheit sind Hinterwäldler die ideale Knetmasse in den Händen aller möglichen Demagogen.

Fazit: Auch wenn man es keinem verdenken kann, sich

über steindumme Deppen lustig zu machen, so sollte man die Gefahr nicht unterschätzen, die von ihnen ausgeht. Unwissenheit erzeugt Angst und als Folge davon Misstrauen und Aggressivität bis hin zum blanken Hass.

In dem TV-Vierteiler »Was ist links?« von SFB und SWR (2003) über die Achtundsechziger wird die Wut der »Arbeiterklasse« alias »brauner Mob« in Bild und Ton eindrucksvoll dokumentiert, zum Beispiel anhand der Kommentare zu Rudi Dutschke: »Verbrennen müsste man so wat.«, »Sone Leute haben hier nischt zu suchen.«, »Der sollte mal richtig den Arsch vollkriegen.«, »Der Mann müsste schnellstens verschwinden hier.«, »Glauben Sie, dass er ein Kommunist ist?«, »Na, aber wat für eener.«, »Sollte man ihn rausschmeißen?«, »Zumindest.«[78]

Am 7. Februar 1968 winkt *Bild* mit dem Zaunpfahl: »Man darf auch nicht die ganze Dreckarbeit der Polizei und ihren Wasserwerfern überlassen«, und rief Tage vor dem Attentat zum »Ergreifen« der »Rädelsführer« auf. Der Ausgang ist bekannt.

»Eine ›Bild‹-Schlagzeile ist mehr Gewalt als ein Stein am Polizisten-Kopf«, kommentiert der *Spiegel* im Mai 1968.[79]

Hinterwäldler und Volksverhetzer bilden zusammen eine hochexplosive Mischung. Bleibt die Frage, wieso es gelang, viele Arbeiter dermaßen gegen die Studenten aufzuwiegeln, die ja immerhin »Bündnispartner der Arbeiterklasse« sein wollten.

Obwohl die Studentenbewegung nichts mit den staatskapitalistischen Diktaturen des Ostblocks, schon gar nicht mit der DDR oder UdSSR am Hut hatte, wurde ihr dies unterstellt. »Geh doch rüber in die Zone«, war damals gängiger Kampfbegriff, Die Kritik an diesen Staaten verlief aber auf primitivstem pseudo-religiösem Niveau. Damalige

wie heutige Hinterwäldler wussten und wissen zum Beispiel rein gar nichts über Karl Marx, außer dass Kommu-
nisten die Zahnbürsten verstaatlichen wollen und in die
Hölle kommen. Sie kannten gegenüber den – wenn auch
nur scheinbar – klügeren Studenten vorwiegend zwei Ver-
haltensweisen. Duckmäusertum (»der Herr Student«) oder
feindliches Misstrauen (»Geh mal lieber arbeiten«).

Die heutigen Hinterwäldler sind den damaligen vom Wesen her ähnlicher, als es auf den ersten Blick erscheint, wobei nicht einmal die unsäglichen Neonazis mit ihren »aus-
länderfreien Zonen« und Ausländermorden gemeint sind.
Heutige Hinterwäldler genügen sich selbst, bleiben am
liebsten unter sich – nicht selten am sprichwörtlichen
Stammtisch – und bestätigen sich in ihrer Borniertheit
selbst, schimpfen auf den Rest der Welt, halten Baguette
für missglückte Brötchen und meinen, Asiaten äßen nur
deshalb mit Stäbchen, weil sie kein Geld für deutsches Be-
steck haben.

3. Die Kontaktmuffel

Sie sind der Alptraum aller Gastwirte. Sie betreten das Restaurant und lassen den Blick schweifen. »Verdammt«, murmeln sie dann, »alles besetzt«, und gehen wieder. In Wahrheit waren noch 45 Plätze frei; denn an den 15 Vierpersonentischen saß jeweils nur ein Gast. Aber das ist für manche Deutsche schon fast überbelegt. Sie wollen sich weder – wie Loriot sagt – »ins Essen quatschen« noch das Mosern ihnen völlig unbekannter und schon deshalb unsympathischer Menschen über das Wetter, die Form der Nationalmannschaft und die Politik der Regierung über sich ergehen lassen.

Ähnliches erlebt man bei Betriebsfesten, eigentlich dazu gedacht, dass man auch Kollegen besser kennenlernt, die einem nur flüchtig, vom Sehen oder gar nicht bekannt sind. Aber was passiert? Gerade die Mitarbeiter, die tagtäglich notgedrungen mehr Zeit miteinander verbringen als mit ihren Familien, hocken auch hier in quasi geschlossenen Runden aufeinander, und wenn's hochkommt, dann besteht die Kommunikation zwischen den Abteilungen in einem Schwipsflirt der kessen Blonden aus der Buchhaltung mit dem prolligen Fettwanst aus der Personalabteilung. Ginge einer unbefangen und freundlich von Clique zu Clique, so empfände man ihn als lästigen Störenfried und sortierte ihn als Neudeutschen oder Ausländer ein, der nicht weiß, was sich gehört und was deutsche Lebensart ist.

Die Singles

»Viele ›Trends‹ sind überhaupt keine«, schreiben die Psychologinnen Eva Jaeggi und Heidi Möller im Jahre 2000, »sondern entstehen – zum Beispiel – in der Kantine einer Redaktion, wo sich gerade drei junge Journalistinnen geschworen haben, dass sie nie heiraten wollen, oder wenn ein Magazin einen spektakulären Aufmacher sucht.« Statt Trends wie »das neue Singleleben« oder »die neue Zweisamkeit« zu proklamieren, solle danach gefragt werden, warum es einen derart gesteigerten Bedarf an Trendmeldungen gibt.[80]

Dass das Singledasein für viele ein Problem ist, zeigt sich nicht nur an der gutbesuchten Internetplattform single generation.de. Nach dem Mikrozensus 2005 des Statistischen Bundesamtes leben 26 Prozent aller deutschen Frauen ohne Partner (im Vergleich zu 18 Prozent der Männer): 8,651 Millionen alleinstehende und 2,236 Millionen alleinerziehende Frauen.[81] »Leben als Single«, schreibt Eva Jaeggi, »das ist der Traum vom Leben ganz nach eigenem Wunsch, nach eigenen Bedürfnissen, in eigener Regie! Das ist aber auch die Horror-Vision vom Absturz in soziale Unverbindlichkeit und Einsamkeit.«[82] Nun dürften trotz vehementer gegenteiliger Behauptungen in der Tat die meisten Singles unfreiwillige sein. Wie groß die Nachfrage ist, zeigen allein die Unmengen an einschlägigen Internetangeboten (»Singlebörsen«), aber auch die Kontaktanzeigen selbst in seriösen Zeitungen und nicht zuletzt das Überangebot an meist nicht billigen Heiratsinstituten und Partnervermittlungen. Es muss nicht extra betont werden, dass die weitaus meisten der unfreiwilligen Singles nichts am Hut haben mit einer Ehe nach Großpapas Vorstellungen, wo der Mann das Geld verdient, das Sagen hat und sich wie ein Pascha bedienen lässt, wohingegen die Frau den Haushalt in Schuss hält und die Kinder erzieht.

Hinzu kommt die Gruppe der berufsbedingten Singles, die ständig auf Achse sind wie etwa Fernfahrer, Flug- oder Fernbahnpersonal, von den sozial Schwächeren, die zumindest finanziell und statusmäßig »nichts zu bieten haben«, gar nicht zu reden.

Selbstverständlich gibt es auch einige, meist jüngere, freiwillige Singles, die schlicht ihren Spaß ohne Verpflichtungen und in Sachen Lebens- und Freizeitgestaltung mit Schwerpunkt Erotik die »freie Auswahl« haben wollen – sie dürften aber die Ausnahme sein.

4. Die Ballermänner

»Und es soll am deutschen Wesen/einmal noch die Welt genesen«, schrieb Emanuel Geibel schon 1861 in seinem Gedicht »Deutschlands Beruf«[83] – eine Passage übrigens, die auch Kaiser Wilhelm II. in seine Rede am 31. August 1907 bei einem Festmahl für die Provinz Westfalen einbaute, in der er von »deutscher Weltstellung und Weltgeltung« faselte.[84]

Von Jürgen Drews und Cindy aus Marzahn, Gaby Köster und Oliver Pocher konnten Geibel und der Kaiser allerdings damals noch nichts ahnen.

Als Exporteure des »Deutschtums« in Gestalt von Eisbein, Sauerbraten, Weizenbier, Doppelkorn und volkstümlicher Musik sind einige Deutsche nicht nur am *Ballermann 6*[85] an der Playa de Palma auf Mallorca gefürchtet: Sie zeigen den Italienern, wie man Pizza, und den Franzosen, wie man Bouillabaisse zubereitet. Den Spaniern bringen sie den Tango und den Wienern den Walzer bei, womöglich noch den Briten das Kricket und den Japanern das Sumoringen.

Dabei können *diese* Deutschen die Völker der Welt im Grunde nur eines lehren: wie man sich (nicht nur) im Ausland gründlich danebenbenimmt, vor allem als Urlauber. Sie trinken Sangria aus Eimern und grölen bis in die Morgenstunden »Oh, du schöner Westerwald«, »So ein Tag, so wunderschön wie heute«, »Das ist Wahnsinn«, »Er wird schon wieder groß« oder »Ich bin die geilste Sau der Welt«. Schließlich wurde es der Regierung der Balearen zu bunt: Nach der Fußball-Weltmeisterschaft 2006 verhängte sie ein Krakeelverbot. Die Lokale an der Playa de Palma müssen seitdem ab Mitternacht die Außen-Musik komplett einstellen.

Inzwischen gilt *Ballermann* längst als Synonym für die Zusammenrottung abgefüllter Prolls bei einem indiskutablen Musikprogramm und selbstproduziertem Radau. Für diese Mitbürger ist das Leben eine einzige endlose Party, allerdings auf haarsträubendem Niveau. So schrieb der *Tagesspiegel* über die Silvesterparty 2009 am Brandenburger Tor: »Zu viel Ballermann, zu wenig Niveau«. Und sogar der Berliner CDU-Kulturexperte Michael Braun lästerte: »Wer stellt sich schon freiwillig raus in die Kälte, um Jürgen Drews zu sehen?«[86] Dass Braun sich als Alternative ausgerechnet die *Scorpions* vorstellt, macht seine Kritik noch lange nicht falsch.

Ein besonderes Kapitel sind die Beziehungen der Ballermänner zum anderen Geschlecht. Verklemmte Würstchen trinken sich Mut an und belästigen, was das Zeug hält. Die holde Weiblichkeit allerdings, die »Ballerfrau«, nicht selten ein wandelnder Blondinenwitz, will ja offenkundig gerade belästigt werden. Diese Vertreter der Geselligkeit der besonderen Art kann man aber auch im Karneval, beim Oktoberfest, bei Betriebsjubiläen, Weihnachtsfeiern und eigentlich überall erleben, wo sich gewisse Deutsche zusammenfinden, um sich unter irgendeinem Vorwand volllaufen zu lassen.

Nun ist es allerdings ein Irrtum, dass die Ballermann-Mentalität an bestimmte soziale Schichten gebunden sei. Legendär ist zum Beispiel die Bundestagsrede des damaligen FDP-Abgeordneten Detlef Kleinert, die er am 23. November 1994 völlig betrunken vor dem Hohen Hause gehalten hat, in der er unter anderem die »Aufnahmefähigkeit eines Teils der Mitglieder des Hauses« als »offenbar nachhaltig eingeschränkt« sah, was angesichts seines alkoholisierten Zustandes und dementsprechender Artikulation mehrfach zu Gelächter unter den Anwesenden führte. Die Szene ist noch heute vielerorts im Internet zu bewundern.[87]

5. Die Fußballpatrioten

Der Fußballfan als solcher

Wenn Hunderttausende biederer Arbeitnehmer Schichten tauschen, Urlaub nehmen oder blaumachen und in den Supermärkten die Vorräte an Bier, Korn und Kartoffelchips bedrohlich schmelzen – dann steht ein wichtiges Länderspiel an. Nicht einmal eine Wirtschaftskrise oder der Einsatz deutscher Soldaten rund um den Erdball kann die deutsche Nation so in kollektive Hysterie versetzen wie eine Fußball-WM.

»Du bist Deutschland« scheint hier massenhaft zu funktionieren. Wieso sonst fiebern Millionen gestandener Männer und zusehends Frauen – geschätzter Anteil: 25 Prozent – während eines Spiels bis an die Infarktgrenze mit dem eigenen Team, brüllen, jubeln oder toben wie Anstaltsinsassen? Was treibt Hunderttausende auch bei schlechtem Wetter auf die Fanmeilen, um, hoffnungslos eingekeilt von Gleichgesinnten, die Spiele auf der Riesenleinwand zu verfolgen?

Fußball ist unser Leben, zur WM 74 »gesungen« von den Spielern des WM-Kaders, »die eingängige, mit folkloristischem Flair angehauchte, kämpferische Hymne«, wurde laut Wikipedia »schnell zu einem unverwüstlichen musikalischen Begleitelement des deutschen Fußballs überhaupt«[88]. *Fußball ist unser Leben* gilt ähnlich wie *Wir sind Deutschland* als Domäne jener Mitbürger, die sonst materiell und geistig nicht viel zu bieten haben. Vor allem die »Underdogs« im Ruhrpott oder den Neuen Ländern sehen in den Fanclubs von Schalke und Dortmund bis hin zu

Dresden oder Leipzig – oder als zivilisiertere Variante die des FC St. Pauli oder von Union Berlin – ihre zweite, häufig sogar ihre erste Heimat. Man geht auf die Straße im Vereinstrikot und schläft in Bettwäsche in den Vereinsfarben. Man hat, vom Schlusspfiff am Samstag gegen 17.15 Uhr[89] an, kein anderes Gedanken- und Gesprächsthema als die Leistung des Teams und das nächste Match am kommenden Samstag.

Der gewalttätige »Fan«

Obwohl es eigentlich naheliegt, dass eingefleischte Fußballfans, die nicht mehr wirklich ihr eigenes Leben, sondern – ähnlich wie verbohrte bis psychopathische Schnulzenserienfans – das ihrer Idole »leben« und diese übersteigerte *Heldenverehrung* leicht in Tätlichkeit gegenüber den Anhängern anderer Clubs umschlagen kann, sind sich nicht wenige Soziologen und Psychologen sicher, dass die sogenannten *Hooligans* keinerlei Interesse am Fußball, sondern ausschließlich an Schlägereien haben. Sie suchen sich ihr Schlachtfeld, was übrigens auch für die Neonazis gilt. Zwar scheint der Übergang fließend, dennoch liegen zwischen ehrlichen Fans und Hooligans Welten. Unvergessen ist der Fall des französischen Gendarms Daniel Nivel, der am 21. Juni 1998 im nordfranzösischen Lens nach dem Spiel Deutschland gegen Jugoslawien bei der WM 1998 bei Straßenschlachten zwischen deutschen Hooligans und der Polizei schwerste Kopfverletzungen erlitt, sechs Wochen im Koma lag und seither schwer behindert ist.[90] Dass die Bilder der Prügelszene rund um die ganze Welt gingen, nährte die Meinung, dass die Deutschen nicht nur Export-, sondern auch Prügelweltmeister sind.

Völlig ins Bild des deutschen Ordnungshüters, der Nazis gegen Demokraten schützt und nicht umgekehrt, passt ein Vorfall, den die *tageszeitung* sehr zum Ärger der Oberen von Polizei und DFB ans Tageslicht brachte: Am Abend des 30. August 2009 wurde ein Bus mit etwa 50 friedlichen Bremer Fans auf der Rückfahrt von einem 3:2-Erfolg bei Hertha BSC von vier schon äußerlich als Nazis erkennbaren Bundeswehrsoldaten überfallen. »Einer habe ein T-Shirt mit der Zahl 88 darauf getragen – die Neonazi-Chiffre für den verbotenen Gruß ›Heil Hitler‹. Ein anderer habe ein T-Shirt mit der Aufschrift ›Auch ohne Sonne braun‹ angehabt, zudem eine ›Schwarze Sonne‹ auf den Ellbogen tätowiert – ein aus zwölf Runen gebildetes Symbol der SS.« Das Ende vom Lied: Vier der angegriffenen Fans erhielten Stadionverbot bis 2010. Andererseits sei es laut Bundesverteidigungsministerium »sehr kompliziert« herauszufinden, ob Ermittlungen gegen die für jeden erkennbaren Faschisten in Bundeswehruniform überhaupt eingeleitet wurden.[91]

Andererseits ist es für Fußballnationalisten gar nicht so einfach: Schließlich sind ja auch im Team Ossis und Wessis – sogar auch noch farbige Deutsche –, und hier trennt sich die nationalistische Spreu vom »patriotischen« Weizen. Ohnehin wird gerade im Sport immer wieder der »Knigge des Nationalstolzes« diskutiert: Wie viel Nationalfreude darf sein, und ab wann ist es »nationalistisch« – wie viele Flaggen pro Auto und Balkon sind erlaubt, wenn »wir Weltmeister sind«? Ja sogar: Wie viel Mindestbeflaggung schützt vor dem Makel des »Vaterlandsverräters«, bei Deutschen mit Migrationshintergrund sogar vor dem Verdacht des »Schläfers«? Nicht zufällig wird von interessierten Kreisen versucht, mitfieberndes Daumendrücken und Freude über den Erfolg in blindwütigen Nationalismus umzubiegen. Ein Riesenärger, dass es beim EM-Spiel gegen die Türkei im Jahre 2008 keine Unruhen gab!

Fußball als Ausnahmezustand

Die echten Fans sind natürlich auch Wähler. Von da her versteht es sich von selbst, dass jeder Spitzenpolitiker zumindest bei großen internationalen Wettbewerben den »Fußballfan« geben muss. Folglich ist es gerade im Wahlkampf für die Spitzenpolitiker geradezu eine Existenzfrage, sich eher auf der Ehrentribüne blicken zu lassen als bei einer Kabinettssitzung, auf der Regierungsbank oder auf den vordersten Plätzen der Bundestagsopposition.

Eine perfekte Show legte die Kanzlerin bei der EM 2008 hin. Nicht nur, dass Bastian Schweinsteiger sein – wenn auch nur in den Augen unverbesserlicher Fans – gutes Spiel in vielen Interviews auf Merkels Ratschläge zurückführte: »Kohls Mädchen« gab so perfekt die Fußballexpertin, dass sogar die *Financial Times Deutschland* (»Schöner jubeln mit Angela Merkel«) eine heimliche SMS-Regie durch Jürgen Klinsmann vermutete. »Angela Merkel zeigt stets perfekt dosierte Volksnähe. Sie ballt die Fäustchen, hüpft, grinst, jubelt oder leidet. Immer genau richtig.«[92]

Dass die Damen und Herren Volksvertreter dann auf den Ehrentribünen in verlässlicher Regelmäßigkeit ausgepfiffen werden, zeigt ihr Image beim Volk – aber man stelle sich nur einmal vor, die Kanzlerin hätte während der beiden »Sommermärchen« 2006 und 2008 gesagt: »Tut mir leid, aber was gehen mich diese Fußballmillionäre an? Viele spielen ja nicht einmal in Deutschland.« Womöglich wäre sogar dem einen oder anderen Parteifreund das Wort »Vaterlandsverräterin« rausgerutscht.

Nun beweisen uns bereits nüchterne Zahlen, wie erdrutschartig das Vertrauen der Bürger in die Politik schwindet. Ebenso gilt es aber als Allgemeinwissen, dass herausragende sportliche Erfolge der jeweiligen Regierung nutzen und das System stabilisieren. Insofern ist die Bezeichnung »König Fußball« gar nicht so abwegig.

Es ist also kein Zufall, dass etwa die Sportredaktion von *Bild* nicht nur mit etwa 25 Prozent aller Redakteure personell am stärksten besetzt, sondern auch bei seriösen Kollegen der Konkurrenz relativ am höchsten angesehen ist: Nicht nur »Sex sells« – Sport auch.[93] Nicht umsonst wurde ausgerechnet Angela Merkel Ehrenmitglied des damaligen Erstligisten Energie Cottbus.

Das ist aber noch gar nichts, verglichen mit dem Theater – also mit der symbolischen Politik –, das bei Welt- und Europameisterschaften abgezogen wird. Da werden Bundestagssitzungen verlegt, unter- oder abgebrochen, wenn Deutschland spielt. Und diese zur Schau gestellte Sportbegeisterung unserer Volksvertreter greift mittlerweile sogar auf andere Sportarten wie Handball über, selbst bei Halbfinalspielen der Deutschen wie 2007 gegen Frankreich. »Wenige Sekunden nachdem der 32:31-Erfolg perfekt war«, berichtet *Focus Online* am 1. Februar 2007, »kam unter den verbliebenen Abgeordneten so viel Unruhe auf, dass SPD-Außenpolitiker Gert Weisskirchen seine Rede zum deutsch-russischen Verhältnis kurzzeitig unterbrechen musste … Bundestagsvizepräsident Wolfgang Thierse ließ es sich daraufhin nicht nehmen, das Ergebnis offiziell zu verkünden – was allerdings nicht ohne Patzer ablief. Deutschland habe im Siebenmeterwerfen gewonnen, behauptete Thierse. Erst nach lautstarkem Einspruch besser informierter Abgeordneter ruderte der SPD-Politiker zurück und verkündete einen Sieg nach der zweiten Verlängerung.«[94]

Ein Volk, ein Reich, eine Nationalelf

Häufig wird behauptet, Fußball sei die schönste Nebensache der Welt und dürfe um keinen Preis mit Politik vermengt werden.

Genau dies aber beabsichtigt der »Fußballpatriotismus« als Variante des völkischen Nationalismus.[95] Man denke nur an das »Wunder von Bern« und Sönke Wortmanns gleichnamigen Film, bei dem Gerhard Schröder im Jahre 2003 seine unvergessenen telegenen Tränen der Rührung vergoss. Schon zuvor hatte der damalige Kanzler das Berner Wankdorfstadion als Schauplatz des deutschen 3:2-Triumphs über Ungarn im WM-Finale 1954 zur nationalen Gedenkstätte erklärt und gefordert, es »in einem Zug mit der Berliner Mauer, mit Weimar und anderen Bauwerken und Orten« zu nennen, »die in der Geschichte des Landes hervorragende Bedeutung haben und deren symbolische Bedeutung über viele Generationen erhalten bleibt«.[96] Die historische Berner Botschaft war simpel und unzweideutig: *Wir-sind-wieder-wer!*

ARD-Reporterikone Rudi Michel durfte in seinem »Offiziellen Erinnerungsbuch« damit prahlen, bei der Siegerehrung im Stadion die erste Strophe der Nationalhymne »Deutschland, Deutschland über alles« voller Stolz mitgesungen zu haben, und der damalige DFB-Präsident Peco Bauwens beschimpfte nach dem Spiel die Siegermächte und sah die deutsche Nation von den NS-Verbrechen reingewaschen: »Dieser Sieg hat gezeigt, dass es Schlacken auf dem Sport und dem deutschen Volk nicht mehr geben kann, wenn es jemand ehrlich mit uns meint.«[97] Auch der Historiker Joachim C. Fest resümiert: »Dieser Tag leistete eine Befreiung der Deutschen von all dem, was auf ihnen nach dem Zweiten Weltkrieg lastete.«[98]

Kennen Sie übrigens den vom DFB hartnäckig immer noch so geführten deutschen Fußballmeister von 1941? Rapid Wien …

Spätestens beim Geld allerdings hört »Deutschland, einig Fußballland« auf. So kostete ein Ticket für das Eröffnungsspiel der WM 2006 für einen Platz entlang der Seitenlinie 577, hinter dem Tor 250 Euro. Für ein Paket (drei Gruppenspiele, Achtelfinale, Viertelfinale, Halbfinale und Finale) musste der Fan 2125 oder für »Billig«-Plätze hinterm Tor 977 Euro hinblättern. Wenn also der Reporter von »den Fans« faselte, dann meinte er in Wahrheit – neben der Handvoll Normalos, die sich diese Kosten oft jahrelang zusammengespart hatten – die Schönen und Reichen, die sogar die Phantasiesummen aus der Portokasse zahlen.

Teil III
Ein bisschen
Ausgrenzung muss sein

1. Die Rassepatrioten

Erschreckend viele definieren »deutsch« – häufig, ohne sich dessen bewusst zu sein – nach der NS-Rassenlehre: So gelten Türken, Araber, Farbige, Asiaten auch dann als »Ausländer«, wenn ihre Familien seit Generationen Deutsche sind – und deutsche Juden als Israeli. So wurde der damalige Vorsitzende des Zentralrats der Juden, Ignatz Bubis, häufig auf »Ihre Regierung in Israel« angesprochen.[99]

Seit geraumer Zeit verlassen hochqualifizierte türkischstämmige Akademiker, die mehr Intelligenz in der Hosentasche haben als der schwarz-braune Sumpf in der ganzen Familie im Hirn, ihr Heimatland Deutschland, weil sie ständig rassistische Bemerkungen wie diese hören: »Sie können drei deutsche Pässe haben, für mich bleiben Sie ein Türke«.[100]

Das Witzige: Viele dieser penetranten »Volksdeutschen« heißen selbst Mattula, Konopka, Vassilev, Jensen, Lorenzo oder Farkas – also äußerst »ausländisch«. Der Autor selbst – mit dem polnischen Namen Wieczorek – hatte Großtanten, die ihrerseits kein einziges Wort Deutsch sprachen oder verstanden.

Die Nur-Patrioten sind die aggressive Variante der Hinterwäldler und Ballermänner. Sie haben nichts   häufig weder Job noch Geld, noch Familie, noch Zukunft – als den »Stolz, ein Deutscher zu sein«. Man redet ihnen ein: »Du bist Deutschland« – ein Spruch übrigens, der schon in den 1930er Jahren auf Spruchbändern neben Hitlerporträts zu lesen war.[101]

Selbst Angehörige der kulturell und sozial meist zu kurz Gekommenen sind stolz auf die Reichen und Schönen, Erfolgreichen und Genialen, in deren Glanz sie sich als Mitglieder derselben Volksgemeinschaft sonnen: »Du bist Krupp und Karstadt, Quelle und Quandt, Goethe und Grass, Bach und Beethoven.« Von deutschen Firmen, Schriftstellern und Komponisten haben sie zwar keinen Schimmer, kennen ihre Namen aber von irgendwoher und sind deshalb stolz auf sie. Und auch ein nicht geringer Teil der Protestanten und Konfessionslosen war stolz auf die Karriere des Joseph Ratzinger: »Wir sind Papst.«

Fest steht: Die Überbetonung der »Liebe zum Vaterland« ist eine Domäne der Unterschichten ebenso wie der Vertreter der Oberschichten, also der Verblödeten und Aufgehetzten ebenso wie der Verblöder und Aufhetzer. Den Ausgegrenzten und Deklassierten der Gesellschaft – zynisch auch *Prekariat* genannt –, die weder Job noch Geld und häufig auch keine familiären oder seriösen freundschaftlichen Bindungen haben, bleibt ja buchstäblich nichts mehr zur scheinbaren Bewahrung ihres Selbstwertgefühls als der häufig trotzig-rassistische »Stolz, ein Deutscher zu sein«.

Aber, wie Theodor W. Adorno seinerzeit in seinem legendären Aufsatz *Minima Moralia* schrieb: »Es gibt kein richtiges Leben im falschen«[102] Das bedeutet ganz einfach: Sowenig, wie eine frustrierte Hausfrau glücklich wird, indem sie sich mit weiblichen Kitschfiguren aus steindummen Nachmittagsserien identifiziert, sowenig wie ein junger Arbeitsloser eine Lehrstelle findet, nur weil sein RTL-Serienheld eine gefunden hat, so wenig bringt es einen Ausgegrenzten weiter, wenn er »stolz ist, ein Deutscher zu sein«. Denn die, auf die er ohne eigenes Zutun stolz ist, wollen mit Sicherheit nichts mit ihm zu tun haben. Oder glaubt ein ausgegrenzter Hartz-IV-Empfänger allen Ernstes, irgendein prominenter Wissenschaftler, Politiker, Sportler, Musiker oder Schauspieler würde ihn bei einem Empfang – außer zur fiesen Belustigung der übrigen Gäste – an den Tisch seiner Freunde bitten?

> »Patriotism is the last refuge, to which a scoundrel clings.«
> (Patriotismus ist die letzte Zuflucht, an die sich ein Schurke klammert.)
>
> Bob Dylan, aus »Sweetheart Like You« (1983)

Umgekehrt schüren die Reichen und Mächtigen dieses Trugbild, damit sich die »Loser« nicht gegen sie erheben. Was schließlich gibt es Besseres für die Wirtschaftsgangster und Boni-Kassierer als ein Arbeitsloser, der sich nicht über sie, sondern über vermeintliche ausländische Sozialhilfe-Betrüger aufregt? Diesen Trick, eine »deutsche Volksgemeinschaft« gegen »alles Fremdrassige« zu konstituieren, wandten auch die Nationalsozialisten an, und schon deshalb sollte er nicht unterschätzt werden.

Ganz abgesehen davon, dass »Patriotismus« und ein äußerer Feind sich schon immer vortrefflich zum Ablenken von inneren Problemen eigneten, man denke nur an die aggressive Politik der Regierung Estlands gegenüber Russland vor den Parlamentswahlen 2007[103], vor allem aber auch an die USA oder unser Land, wo der »Kampf gegen den islamistischen Terror« als Vorwand zur schrittweisen (Wieder-)Einführung einer Art Polizeistaat herhalten muss. So schnell kann das Bundesverfassungsgericht gar nicht grundgesetzwidrige Gesetze kassieren, wie sie beschlossen werden. Man denke nur an die Vorratsdatenspeicherung, den Abschuss von Passierflugzeugen oder die Online-Durchsuchung.[104] Von dem erwähnten präventiven Wegsperren ohne richterlichen Beschluss, den man sowieso nie bekommen würde, bis hin zur Befürwortung von Folter. Der Fall: Der Frankfurter Polizei-Vizepräsident Wolfgang Daschner hatte im Jahre 2002 einen Untergebenen angewiesen, dem Tatverdächtigen im Fall der Entführung des elfjährigen Jakob von Metzler die »Zufügung schwerer Schmerzen anzudrohen«, falls dieser nicht das Versteck des Opfers verrate. »Leserbrieffluten feiern ihn als Held«, notierte die *Süddeutsche Zeitung* am 17. November 2004. »Politiker unterschiedlichster Couleur – der hessische Ministerpräsident Roland Koch, der Ex-SPD-Vorsitzende Oskar Lafontaine – bekundeten Verständnis für den Täter …«[105] Am 20. Dezember 2004 wurde Daschner zu 10 800 Euro Geldstrafe auf Bewährung verurteilt. Wichtigstes Ergebnis aber ist nicht die Frage nach der Rechtmäßigkeit von Folter in einem Einzelfall, sondern zum einen der »innere Patriotismus«: ein Volk gegen einen Kindermörder. Zum anderen aber wurde durch die absurd geringe Strafe die Folter hoffähig gemacht, und auch da denkt man unwillkürlich an den »Kampf gegen den Terrorismus«, an Guantánamo und die Verunglimpfung und Verfolgung Andersdenkender.

»Der Schoß ist fruchtbar noch, aus dem das kroch«, schrieb Bert Brecht 1955 in seiner *Kriegsfibel*.[106] 55 Jahre später scheint dies Wort angesichts der »patriotischen« Verbrechen gegen Ausländer oder auch nur »fremdartig« aussehende Mitbürger brennende Aktualität zu besitzen. Noch immer ist es für manche Eltern ein Drama, wenn die Tochter »einen Neger« heiratet; anderen sind die vielen Döner-

Buden ein Dorn im Auge, und wieder andere, wie der nordrhein-westfälische Ministerpräsident Rüttgers im Jahre 2000, gingen gegen die Anwerbung ausländischer Computerexperten mit der Kampflosung »Kinder statt Inder« auf Stimmenfang.

Der Sog des sinnentleerten Patriotismus erfasste 2000 allerdings sogar die Linkspartei-Vorgängerin PDS. Deren damalige Chefin Gabi Zimmer bekannte anbiedernd – man wollte ja schließlich in der Demokratie ankommen: »Ich liebe Deutschland«.[107]

Unvergessen in diesem Zusammenhang ist der Ausspruch des früheren Bundespräsidenten Gustav Heinemann (1969–1974): »Ich liebe nicht den Staat, ich liebe meine Frau.«

2. Die Brauchtumspatrioten

Unter »deutschem Brauchtum« verstehen manche Mitbürger Heinrich George und Gustaf Gründgens, Stahlnetz
und Sissi, Schützenfest und Frühschoppen, Roy Black und
Heino, unter deutschem Humor »Mainz bleibt Mainz«,
»Verstehen Sie Spaß?« sowie Mario Barth und Atze Schröder. Heinz Erhardt, Otto und Loriot mögen sie zwar auch,
kapieren aber häufig die Pointen nicht. Wenn sie dann
auch Neubundesbürger zur »Assimilation« an diese grenz-
debile »Kultur« nötigen und sie zu grölenden Volksmusik-
säufern machen wollen, wird's endgültig peinlich und absurd.
Nun gibt es aber natürlich auch echte Brauchtumspflege in
jedem Bundesland und in einer Unzahl von Städten und
Gemeinden, man denke nur an die schwäbisch-aleman-
nische Fasnet, die Pflege der Mundarten wie Plattdeutsch
oder an die vielen Ausstellungen, Laienspiele und sogar
Filme zum Thema Kleidungs- und Ernährungsgewohn-
heiten unserer Vorfahren. Es liegt in der Natur der Sache,
dass all dies mit der aggressiv-dümmlichen und teilweise
nationalistischen »Brauchtumspflege« nicht das mindeste
zu tun hat.
Besonders ausgeprägt und als solche den meisten nicht
immer bewusst sind die religiösen Bräuche, zum Beispiel
in Gestalt von Festtagen wie Advent, Weihnachten, Silvester, Dreikönigstag über Karneval, Ostern und Erntedank-
fest bis hin zu Nikolaustag, Allerheiligen und Martins-Um-
zug, auf dem die Kinder mit Lampions herumziehen. Die
Nacht vom 30. April – die »Walpurgisnacht« – wird heute meist als »Tanz in den Mai« begangen und vielerorts

ein Maibaum aufgestellt. Im Oldenburger Raum dagegen wandern vorwiegend Jüngere mit einem Bollerwagen auf einer *Maitour* durch die anliegenden Bauernschaften der ländlichen Regionen. Deutlich wird die Vermengung christlicher mit »heidnischen« Bräuchen auch beim »Dreckschweinfest« im Mansfelder Grund des Mansfelder Landes in Sachsen-Anhalt, bei dem zu Pfingsten der Sieg des Sommers über den Winter gefeiert wird. Erstmals erwähnt wurde der Brauch im Jahre 1620 im Kirchenbuch der Gemeinde Hergisdorf. In Steimke wird in der Nacht zum Pfingstsonntag jedem konfirmierten und noch unverheirateten Mädchen ein Birkenzweig neben das Fenster genagelt.

Schon diese kleine Auswahl zeigt, dass zwar Bräuche flächendeckend in ganz Deutschland gepflegt werden, sie aber mit Ausnahme christlicher Feiertage zu unterschiedlich sind, um als Bestandteil deutscher Leitkultur gewertet zu werden. Hinzu kommt, dass diese Bräuche meist auf die ländlichen Gebiete beschränkt sind und ein Großstädter mit ihnen deshalb nur wenig anfangen kann.

3. Die christlichen Abendländler

Die Armee Gottes

Die Mehrheit der deutschen Staatsbürger gehört auf dem Papier einer christlichen Religion an: 30,7 Prozent sind römisch-katholisch[108], 30,2 Prozent evangelisch[109]. Insgesamt 3 Prozent gehören orthodoxen oder orientalischen Kirchen an.

Die Anzahl der Gottesdienstbesucher ist weitaus geringer: Durchschnittlich fast 3,4 Millionen Menschen (oder 4,1 Prozent der Gesamtbevölkerung) besuchten 2008 die sonntäglichen Gottesdienste der katholischen Kirche, 2007 eine Million (oder 1,2 Prozent der Gesamtbevölkerung) jene der evangelischen Kirche.[110] Frühschoppen schlägt Kommunion, Video schlägt Abendmahl. Ohnehin sind viele »gläubige Christen« in Wahrheit abergläubisch (Schutzengel, Horoskope etc.) und verlogen, etwa wenn sie ungeborenes über geborenes Leben und den Kirchgang über die »gute Tat« stellen.

Übrigens: 39 Prozent der Gesamtbevölkerung gehören keiner der beiden großen Religionsgemeinschaften an, davon in den Neuen Ländern zwischen 66,1 Prozent in Thüringen und 80,6 Prozent in Sachsen-Anhalt, in den alten Ländern zwischen 20,9 Prozent in Bayern und 69,0 Prozent in Berlin (allerdings einschließlich des ehemaligen Ostteils).[111]

Staat im Staate

Interessant ist auch zumindest in einigen Regionen das gestörte Verhältnis zur strikten Trennung von Kirche und Staat. So erklärte das Bundesverfassungsgericht am 16. Mai 1995 in seinem *Kruzifix-Urteil* Teile der Bayerischen Volksschulordnung von 1983 für verfassungswidrig und nichtig, wonach in jedem Klassenzimmer der Volksschulen in Bayern ein Kruzifix oder zumindest ein Kreuz anzubringen war.[112] In Paragraph 3 Absatz 1 der umstrittenen Volksschulordnung (VSO) hieß es: *»Die Schule unterstützt die Erziehungsberechtigten bei der religiösen Erziehung der Kinder. Schulgebet, Schulgottesdienst und Schulandacht sind Möglichkeiten dieser Unterstützung. In jedem Klassenzimmer ist ein Kreuz anzubringen. Lehrer und Schüler sind verpflichtet, die religiösen Empfindungen aller zu achten.«*

Das Bundesverfassungsgericht führte im Einzelnen aus:

- Das christliche Kreuz ist kein lediglich kulturelles Symbol und kein überreligiöses Symbol für Humanität oder Barmherzigkeit. Es ist das Symbol einer spezifischen Religion.
- Artikel 4 des Grundgesetzes (GG) schützt davor, dass der Bürger in einem staatlich geschaffenen Pflichtraum (Schulpflicht) dem Einfluss eines bestimmten Glaubens ausgesetzt wird, ohne sich diesem entziehen zu können.
- Auch für Personen im Sonderrechtsverhältnis wie etwa Schüler gilt das Grundrecht der Religionsfreiheit uneingeschränkt.
- Bei Kindern unter 14 Jahren, die sich nach Paragraph 5 des Gesetzes über die religiöse Kindererziehung (Rel-

KErzG) nicht auf die Religionsfreiheit berufen können, wird durch das »Kreuz in der Schule« die Freiheit der Eltern verletzt, ihre Kinder im Sinne einer bestimmten Weltanschauung zu erziehen (Artikel 6 Absatz 2 GG – Erziehungsfreiheit).

- Die Religionsfreiheit der Schüler bzw. das Erziehungsrecht der Eltern untereinander ist zu einem »schonenden Ausgleich« nach den Grundsätzen praktischer Konkordanz zu bringen.
- Da ein solcher »schonender Ausgleich« in diesem Fall nicht möglich ist und die Religionsanschauung einiger Schüler den anderen Schülern nicht aufgedrängt werden darf, verstoßen Kreuze in Schulen, die keine Bekenntnisschulen sind, grundsätzlich gegen das Grundgesetz.

Dies wiederum interessierte die Bayern so, als wenn in Oberammergau ein Glas Enzian umkippt. Nachdem das höchste deutsche Gericht die bajuwarische Schulordnung kassiert und Paragraph 13 Absatz 1, Satz 3 der Schulordnung für die Volksschulen in Bayern für nichtig erklärt hatte, fügte die Regierung des Freistaats Bayern am 23. Dezember 1995 eine neue Passage in das Bayerische Erziehungs- und Unterrichtsgesetz, Artikel 7 Absatz 3 ein. Satz 1 lautet seitdem: »Angesichts der geschichtlichen und kulturellen Prägung Bayerns wird in jedem Klassenraum ein Kreuz angebracht.«

Bei derlei Umgang mit bundesrepublikanischem Recht kann man die Sprüche einiger Lästermäuler verstehen, Bayern gehöre nicht wirklich zu Deutschland, nicht einmal zur zivilisierten Welt.

Nur folgerichtig wies der Bayerische Verfassungsgerichtshof Popularklagen[113] gegen dieses Gesetz am 1. August

1997 zurück, da kein Verstoß gegen die bayerische Verfassung vorliege, weil im Gesetz eine Konfliktlösung vorgesehen sei. Das Bundesverfassungsgericht hat Verfassungsbeschwerden gegen diese Entscheidung nicht zur Entscheidung angenommen.

Andererseits ist Deutschland zwar kein Gottesstaat und hat auch keine Staatsreligion – obwohl es in Bayern den Anschein hat –, dennoch kann von einer echten Trennung von Kirche und Staat nicht die Rede sein:

- Die ersten Worte der Präambel des Grundgesetzes lauten: »Im Bewusstsein seiner Verantwortung vor Gott und den Menschen …«
- Der Staat treibt die Kirchensteuer ein.
- An den Schulen gibt es Religionsunterricht.
- Die meisten Regierungsmitglieder schließen ihre Vereidigung mit der Floskel »So wahr mir Gott helfe«.

Dies ist aber noch gar nichts gegen die Rolle der Kirchen als Arbeitgeber: Mit gut 1,3 Millionen Arbeitnehmern in fast 50 000 Unternehmen sind sie bei uns nach dem öffentlichen Dienst der zweitgrößte Arbeitgeber. Entsprechend bunt ist das Angebot: für Ärzte, Kindergärtnerinnen und Radiomoderatoren, ebenso wie für Putzfrauen, Hausmeister, Bierbrauer und Postsortierer. »Wer allerdings bei Caritas, Diakonie, dem Weltbildverlag oder einem kirchlichen Krankenhaus anheuert, sollte nicht damit rechnen, dort einen besonders milden Arbeitgeber zu finden. Im Gegenteil.«[114] Dabei sind die Gerichte in wichtigen Fragen wie dem Kündigungsschutz machtlos. Ausgerechnet die angeblich religionsfreie Verfassung erlaubt den Kirchen hanebüchene Extrawürste: So können Schwule und Lesben ebenso rausfliegen wie Mitarbeiter, die Partner mit Kindern heiraten. Die frommen Kirchen verlangen nämlich von ihren Mitarbeitern, dass sie die Grundsätze der christlichen Glaubens- und Morallehre – ähnlich wie einige gottesfürchtige Jesuiten des Berliner Canisius-Kollegs – auch in ihrem Privatleben beachten; und in diesen Spielregeln sind homosexuelle Beziehungen oder Patchworkfamilien nun einmal ein absolutes Tabu.

Lediglich die EU will mit dem heuchlerischen und christlich-arbeitnehmerfeindlichen Nonsens jetzt aufräumen. Wie die Kirchen momentan mit ihren Mitarbeitern umgehen, schrieb die EU-Kommission mehrmals der Bundesregierung, beweise eine »mangelhafte Umsetzung der europäischen Gleichstellungsrichtlinie«. Brüssel fordert von Deutschland, den Diskriminierungsschutz zu verbessern und die kirchlichen Sonderrechte beim Kündigungsschutz zu begrenzen.[115]

Bei alledem wird plausibel, warum vor allem die Unionsparteien, allen voran die CSU, so massiv gegen den EU-Beitritt der Türkei sind. Dort nämlich ist der Laizismus seit 1924 in der Verfassung verhandelt. Vorübergehende Aufweichungen, wie im Jahre 2008 die Erlaubnis für Studentinnen, Kopftücher zu tragen, wurden kurz darauf vom Verfassungsgericht kassiert. Die islamfreundliche Partei AKP des Ministerpräsidenten Erdogan sollte ebenfalls 2008 verboten werden. Sechs der elf Verfassungsrichter stimmten dafür – aber sieben wären nötig gewesen. Aller Islamistenhetze zum Trotz gilt also die Türkei manchen Politikern nicht wegen ihres »Islamismus«, sondern wegen ihres Laizismus als Störenfried beim Traum, aus der EU eine »christliche Union« zu machen.

Die Kreuzzügler

Wer das »christliche Abendland« zu verteidigen vorgibt, predigt meist das Gegenteil des »christlichen« (mit dem humanistischen, global weitestgehend identischen) Menschenbildes, sondern Feindschaft (Kreuzzüge) gegen fremde Kulturen und sogar gegen christliches Gedankengut selbst, wie etwa die Bergpredigt. Den ursprünglichen Kreuzzugsgedanken, nämlich die ganze Welt zu christianisieren, predigte in jüngster Zeit G. W. Bush am nachhaltigsten und setzte ihn de facto mit den Kriegen gegen Afghanistan und den Irak auch um. Diese Weltrettungsidee hat bekanntlich eine blutige Tradition: Beim ersten Kreuzzug ging es um die Rückeroberung Palästinas von den Moslems, zu dem Papst Urban II. im Jahre 1095 aufrief. Er begann 1096 und endete 1099 mit der Einnahme Jerusalems durch ein Kreuzritterheer, beim letzten um die Befreiung Konstantinopels von den Osmanen. Er endete 1444 in Varna (heutiges Bulgarien) mit einer kompletten Niederlage.

Wenngleich die überwältigende Mehrheit der Deutschen Kriege zwecks Verbreitung des Christentums strikt ablehnt, so sind doch einige für das »Argument« zu haben, »das Abendland« müsse sich gegen »*den* Islamismus« als gewalttätiger oder gar terroristischer Religion verteidigen. Aber immerhin 55 Prozent forderten in einer *Forsa*-Umfrage vom September 2009 den Abzug der deutschen Truppen aus Afghanistan.[116] Und auch die 39 Prozent Abzugsgegner dürften diese Meinung wohl kaum damit begründen, wir müssten die ganze Welt mit Christentum und Demokratie beglücken, eher schon mit der diffusen und systematisch geschürten Angst vor »*den* Taliban«.

Die Missionare

Die friedliche Variante der Kreuzzügler sind die Missionare, womit nicht in erster Linie die Zeugen Jehovas gemeint sind, sondern die beiden großen Kirchen. So nannte noch 1999 eine Synode der EKD in Leipzig die »Innere Mission« als künftige Kernaufgabe der Kirche. Besonders in den Neuen Ländern sei »die Entfremdung der Menschen von der Kirche und vom christlichen Glauben« eine große Herausforderung. Missionarischem Wirken komme die Aufgabe zu, »auf Menschen zuzugehen, mit ihnen über ihr Leben ins Gespräch zu kommen und sie mit dem Glauben an Jesus Christus bekannt zu machen«.

Man muss kein verbohrter Atheist zu sein, um dies in Verbindung mit jenem Phänomen zu bringen, dass Menschen, die vorher nie etwas mit Religion am Hut hatten, in der Stunde höchster Not, angesichts einer unheilbaren Krankheit oder des Verlusts eines geliebten Menschen schlagartig »gläubig« werden. Ebenso verzweifelte wie simpel gestrickte Mitbürger werden von den Missionaren gesucht und gefunden. Schließlich diskutieren ja nicht die damalige EKD-Vorsitzende, Bischöfin Margot Käßmann, oder der Chef der Deutschen Bischofskonferenz, Erzbischof Robert Zollitsch, mit den neu zu gewinnenden Schäfchen über philosophisch-theologische Fragen. Eher ist Bauernfängerei der billigsten Art zu vermuten.

Wir dürfen jedenfalls gespannt sein, wer unser unvergleichliches Abendland retten wird – und vor wem? Immerhin haben die Araber unsere Zahlen, die Astronomie, den Blumentopf und die Gitarre erfunden, die Chinesen den Seismographen, das Porzellan, das Seidenspinnen und den Kompass, die Ägypter die Uhr und die Inder die Zahl Null.

Amüsanterweise geraten die »Abendländler« mit den Neoliberalen zusehends aneinander. Letztere wollen nämlich
ihre Profite weltweit machen; und dann kommt es dazu,
dass Länder, die man der Geschäfte wegen umgarnt, in den
Medien aufs übelste beschimpft werden. Bestes Beispiel
war – lassen wir hier einmal Gerhard Schröders nachpoli-
tische Ambitionen außer Acht – die Haltung der rot-grünen Koalition im Tschetschenien-Konflikt. Während die
Staatengemeinschaft überwiegend von Völkermord spricht,
titelt *Welt Online* am 13. November 2002: »Schröder lobt
Putins Tschetschenien-Politik.«

4. Der rechte Rand

Eigentlich sollten die Umfragen den rechten Sumpf eher entmutigen. Demnach haben die Deutschen am wenigsten Angst vor Diebstahl (eine Lieblingspanikmache der Gossenmedien), Zuwanderung nach Deutschland oder Angriff auf die eigene Person, mehr dagegen vor Ausländerfeindlichkeit und schwerer Krankheit. Am meisten fürchten unsere Mitbürger Arbeitslosigkeit und Armut; die Zuwanderung liegt hier nur auf Platz 9, zwei Plätze hinter der Angst vor Ausländerfeindlichkeit.[117]

Doch man täusche sich nicht: Der Stimmenanteil der NSDAP stieg bei den Reichstagswahlen von 2,63 Prozent im Jahre 1928 auf 37,36 Prozent im Juli 1932 auf 43,91 am 5. März 1933. Es folgte ab 5. März die Regierung Hitler in Koalition mit den Deutschnationalen, das Ermächtigungsgesetz am 25. März 1933 und schließlich das *Tausendjährige Reich*. Es kann also sehr schnell gehen mit dem »demokratischen« Aufstieg von Nazis, in welcher konkreten Form auch immer.

Der rechte Sumpf im Volk

Derzeit verfügen NPD, DVU und Republikaner über mehr als 200 Mandate in Land-, Kreis- und Städtetagen, in den Bezirksparlamenten der Stadtstaaten Berlin und Hamburg, in der Stadtbürgerschaft Bremen und der Stadtverordnetenversammlung Bremerhaven.[118] Und irgendjemand muss die ja wohl gewählt haben. Zwar treten Rassisten und

Nazis recht selten offen auf, man erkennt sie bestenfalls an Floskeln wie »Ich habe nichts gegen Juden«, »Meine besten Freunde sind Ausländer«, »Man darf ja bei uns nicht den Mund aufmachen« oder sogar etwas waghalsig: »Adolf war ein Verbrecher, aber die Straßen waren nachts bei ihm sicher.« Rechtes Gedankengut ist bei einer angeblichen »schweigenden Mehrheit« noch weit verbreitet. Dieser »rechte Rand« empfand noch bis in die 1970er Jahre die Kritik am NS-Horror als »Nestbeschmutzung«; und noch heute meint so manch ein Zeitgenosse, ein NS-Regime »ohne Judenmord und Krieg« wäre gar nicht rundum schlecht. Und auch die Wehrmachtssoldaten waren für viele schon deshalb keine Verbrecher, »weil es unsere Väter und Großväter waren«, die zudem für »unser Land« kämpften. Jedenfalls will man den »Schlussstrich«.

Bezeichnenderweise ist auch vielen Medien ein einziger von Ausländern misshandelter Deutscher mehr Schlagzeilen wert als Dutzende von deutschen Nazis ermordete Ausländer oder Deutsche mit »Migrationshintergrund«.

Nur zur Erinnerung: Laut Mikrozensus des Statistischen Bundesamtes von 2006 haben von den etwa 82,4 Millionen in Deutschland lebenden Menschen etwa 15,1 Millionen oder 18 Prozent einen Migrationshintergrund, darunter 9 Prozent Ausländer und knapp 10 Prozent deutsche Staatsangehörige.[119]

Mord und Totschlag

Gut 150 Todesopfer rechtsextremer und rassistischer Gewalt nach der deutschen Wiedervereinigung zählte man allein bis Ende 2009.[120]

> Das Land, das die Fremden nicht beschützt, geht bald unter.
>
> Johann Wolfgang von Goethe

Weit mehr noch als über diese Schreckensstatistik der Morde regt sich mancher über jene auf, die darüber offen sprechen. Der frühere rot-grüne Regierungssprecher Uwe-Karsten Heye hatte am 17. Mai 2006 im *Deutschlandradio* Klartext geredet: »Es gibt kleine und mittlere Städte in Brandenburg und anderswo, wo ich keinem, der eine andere Hautfarbe hat, raten würde hinzugehen.« Die Besucher könnten an solchen Orten in große Gefahr geraten und würden diese »möglicherweise lebend nicht wieder verlassen«.[121]

Daraufhin war das Geschrei groß. Dabei warnten ausländische Reiseveranstalter schon seit geraumer Zeit teilweise noch drastischer als Heye. Die *Süddeutsche Zeitung* zitierte Anfang dieses Jahrtausends in der Serie »Deutschland, peinlich Vaterland« Warnungen internationaler Reiseveranstalter vor dem Besuch bestimmter ostdeutscher Regionen. So hieß es in *Frommer's 2000 Germany* über Dresden: »Leider ist die Stadt ein Zentrum neonazistischer Skinheads geworden. Seien Sie besonders vorsichtig, wenn Sie nachts durch die Straßen gehen. Die Gegend nördlich der

Elbe gilt als die gewalttätigste.« In *Let's Go Germany 2000* war über Berlin zu lesen: »Farbige, Schwule und Lesben sollten Vorsicht walten lassen, wenn sie in den östlichen Vororten der Stadt oder spätnachts mit der S-Bahn unterwegs sind; besonders der Bahnhof Lichtenberg ist kein angenehmer Ort.«[122]

Nun geiferte Unionsfraktionsvize Wolfgang Bosbach gegen Heye, es wäre »fatal«, wenn sich wegen solcher Äußerungen Menschen dazu entschlössen, nicht zur Fußball-WM zu kommen. Brandenburgs damaliger Innenminister Jörg Schönbohm (CDU) sprach von einer »unglaublichen Entgleisung«. Heye habe der Gastronomie-Branche einen »Bärendienst« erwiesen, tobte Uwe Strunk, Hauptgeschäftsführer des Hotel- und Gaststättenverbandes Brandenburg.[123]

Vor allem aber quält bei den inzwischen fast wöchentlich gemeldeten fremdenfeindlichen Übergriffen die Politik eine Sorge: Wie kommt das bloß bei den ausländischen Investoren an?

So unkte Bundestagsvizepräsident Wolfgang Thierse nach der Hetzjagd auf acht Inder durch eine Gruppe von 50 Deutschen im August 2007 im sächsischen Mügeln, derartige Fälle seien »ein Risiko für den deutschen Wirtschaftsstandort«,[124] Sachsens damaliger Ministerpräsident Georg Milbradt warnte vor »Vorverurteilung« nach der Devise: »Vielleicht waren es ja gar keine Nazis«, sondern unbescholtene Patrioten. Noch einen drauf setzte das »Hakenkreuzmacherland« *(Spiegel)* Sachsen-Anhalt, indem man die Neonaziverbrechen einfach in normale Übergriffe umdichtete: Die Hakenkreuze könnten schließlich auch Kinder gemalt haben.

Ebenso wurden besonders engagierte Nazijäger strafversetzt, weil sie zu gründlich und zu erfolgreich in der braunen Szene ermittelten und dadurch den »guten Ruf« (!) der betreffenden Gemeinden lädierten.[125] Als Bauernopfer wurde LKA-Chef Frank Hüttemann im November 2007 wegen geschönter Statistiken über rechte Gewalt zum Rücktritt gezwungen.

Politik und »rechter Rand«

Folgt man Anthony Downs, dem Begründer der *Neuen Politischen Ökonomie,* so haben Parteimitglieder und vor allem Politiker »als Hauptmotiv den Wunsch, sich die mit dem Regierungsamt verbundenen Vorteile zu verschaffen; daher streben sie nicht die Regierung an, um vorgefasste politische Konzepte zu verwirklichen, sondern formulieren politische Konzepte, um an die Regierung zu kommen«[126]. Entsprechend ist »das Hauptmotiv der Regierung Maximierung der Stimmen, nicht des Nutzens oder der Wohlfahrt«.[127]

Dem entsprach die Forderung des »Bayernkönigs« Franz Josef Strauß, rechts von der CSU dürfe es keine demokratisch legitimierte Partei geben. Das heißt nichts anderes, als dass die Union auch in trüben braunen Gewässern fischen, also auch die Stimmen derjenigen NPD- oder Nichtwähler erringen will, die den Holocaust leugnen oder gutheißen, »Führers Geburtstag« feiern, »nichtarische« Ausländer, Homosexuelle, Behinderte und – obwohl sie häufig selbst welche sind – Arbeitslose hassen und Übergriffe gegen sie für richtig halten.

Geradezu berühmt wurde Roland Koch durch zwei Wahlkämpfe »gegen Ausländer«, wobei er die Wahl von 2003 mit 48,8 Prozent der Stimmen haushoch gewann, die von 2008 trotz eines hauchdünnen Vorsprungs von 36,8 gegenüber der SPD (36,7) de facto verlor. Dennoch scheint Kochs Konzept gegenüber Ultrarechts teilweise aufgegangen zu sein. Die Republikaner holten nur 1,0, die NPD nur 0,9 Prozent. *Teilweise* zum einen, weil 2003 nur die Republikaner antraten und mit 1,3 Prozent 0,6 Prozentpunkte weniger erhielten als 2008, zum anderen, weil bei den Wahl*berechtigten* die CDU 23,1 und die SPD mit 23,0 Prozent jeweils weniger als ein Viertel holten, während die Nichtwähler – eine von Kochs Zielgruppen – mit 35,7 Prozent die mit Abstand stärkste Gruppe stellten.

»Vor allem mit seinen bisherigen Äußerungen zur Jugendkriminalität hat Hessens Regierungschef ein paar neue Freunde gewonnen«, schrieb die *Süddeutsche Zeitung*, »die ihm nicht recht sein dürften: Die rechtsextreme NPD und die Republikaner stimmen Lobeshymnen auf Koch an. Der Ministerpräsident wird von den Rechtsextremen für seine Kampagne gegen Jugendgewalt und kriminelle Ausländer gefeiert. ›Sollte Herr Koch auch nach den Wahlen zu seinen Äußerungen stehen, dann wird die hessische CDU ein möglicher Koalitionspartner für die NPD‹, verkündete der NPD-Bundesvorsitzende Udo Voigt.«[128]

Es ist ohnehin eine riskante Gratwanderung, den rechten Sumpf gewinnen zu wollen, ohne die Demokraten zu verlieren. Viele Politiker versuchen das Problem zu lösen, indem sie der einen Zielgruppe dieses und der anderen das direkte Gegenteil erzählen. Christian Bommarius von der *Berliner Zeitung* nennt diese Taktik beim Namen – Heuchelei: »Mit dem Heuchler verhält es sich folgendermaßen. Im Morgenmagazin erteilt er dem Rechtsextremismus eine

Absage, in der Mittagssendung verurteilt er ausländer-
feindliche Gewalt, in den Abendnachrichten aber ruft er
dazu auf, das Asylrecht abzuschaffen und Maßnahmen
zum Schutz vor Überfremdung zu ergreifen.«[129]
Besonders heimtückisch sind Formulierungen wie »Kriminelle Ausländer raus«. Isoliert betrachtet, wird kaum ein
Deutscher dafür sein, dass italienische Mafiosi oder chinesische Triaden in Hamburg, Frankfurt oder Berlin unbehel-
ligt Schutzgelder kassieren oder dass russische, polnische
oder türkische Berufskriminelle die Menschen in Angst
und Schrecken versetzen. Aber darum geht es gewissen
Politikern gar nicht. Zwar forderte sogar der damalige BDI-
Präsident Jürgen Thumann auf dem Höhepunkt der Zum-
winkel-Empörung mit markigem Vokabular die »Ächtung
krimineller Wirtschaftsbosse«.[130] Aber das war zweckge-
bundene Demagogie, vielleicht sogar ein Ausrutscher. Im
Normalfall ist beabsichtigt, dass der Bürger das wichtige
Wörtchen *kriminell* im Geiste unterschlägt. Man stelle sich
nur einmal vor, irgendein Politiker oder Medium fordere
die Ausweisung »französischer Kinderschänder«, »Schweizer Taschendiebe«, »dänischer Sexualmörder«, »spani-
scher Trickbetrüger« oder »belgischer Serienkiller«. Jedermann wäre erstaunt zu hören, dass sich solche »Kriminellen« bei uns überhaupt herumtreiben, aber die Zielgruppe
der rechten Volksparteien würde schlussfolgern, die genannte Bagage stelle einen wesentlichen Anteil, wenn
nicht sogar einen genetisch bedingten Charakterzug der
Bevölkerung der genannten Länder dar. Und was wäre erst
los, würde ein Boulevardblatt die »Ausweisung israelischer
Inzestverbrecher« fordern. Jeder zivilisierte Bürger würde
dies zu Recht als puren Antisemitismus erkennen und empört zurückweisen. Aber manchen Medien und Politikern

geht es eben nicht um seriöse Information, sondern um den Versuch, einzelne schwarze Schafe als »typisch« für ein ganzes Volk hinzustellen. Und es besteht kein Zweifel, dass gerade bei simplen oder extrem frustrierten Gemütern immer etwas hängenbleibt. Natürlich nimmt eine türkische Ärztin einer Leipziger Verkäuferin den Arbeitsplatz ebenso wenig weg wie ein indischer Ingenieur einem Neuköllner Bauarbeiter.

Warum schießen zum Beispiel türkische Obst- und Gemüseläden wie Pilze aus dem Boden? Ist es den Deutschen vielleicht verboten, Geschäfte zu eröffnen? Die türkischstämmigen Großfamilien, wo jeder mithilft und daher die Personalkosten geringer sind, können der alleinige Grund nicht sein. Aber vielleicht sind die Verkäufer freundlicher (welcher deutsche Händler bietet Kirschen oder Weintrauben zum Probieren an?), die Qualität der Produkte besser und daher die Nachfrage auch bei deutschen Kunden größer?

Nun besitzen aber manche Zeitgenossen die Eigenschaft, die Schuld für das eigene Schicksal nicht nur prinzipiell anderen zu geben, sondern auch dann nicht einmal den Richtigen – zum Beispiel bestimmten Parteien oder Gesetzen –, sondern ganz willkürlich den vermeintlich sozial Schwächeren und in der gesellschaftlichen Hierarchie weiter unten Stehenden. Ähnliches gilt für Restaurants; anstatt sich über das gute und vielfältige Angebot – vom Griechen, Italiener, Franzosen bis hin zum Chinesen, Japaner oder Thailänder – zu freuen, faseln einige von »Überfremdung«, ohne freilich selbst eines der verbliebenen deutschen Speiselokale aufzusuchen.

Politisch korrekt

Der Begriff *politische Korrektheit* wird seit geraumer Zeit von Rechten abwertend benutzt. Vor allem die Achtundsechziger sind Objekt ihrer verbalen Ausfälle. Es gehe darum, »die Bemühungen von Liberalen, Linken, Feministinnen, Vertretern von Minderheiten und Befürwortern von Multikulturalismus um eine Öffnung der Gesellschaft, das Hinterfragen von überkommenen Tabus, Vorstellungen und Stereotypen zu karikieren und zu verfälschen«, schreibt die Heinrich-Böll-Stiftung, und darum »Verachtung auszudrücken für diese Anschauungen und Zielsetzungen. Dabei werden etwa die Relativierung des Leistungsstandards, die angebliche Einschränkung der freien Meinungsäußerung und die Gefahren selbstzerstörerischer Separation heraufbeschworen.«[131]

Der Ausdruck *politische Korrektheit* dient den Rechten als eine Art Wunderwaffe, um Kritik an deren Vorstellungen abzuwürgen. Das verächtlich benutzte Schlagwort soll umgekehrt die eigene Position unangreifbar machen: Man will die Gegenseite herabwürdigen, ohne über Inhalte diskutieren zu müssen.

Dass diese rechte Propaganda durchaus gefährlich sein kann für das Selbstbild der Deutschen, besonders bei Fragen wie Aufarbeitung der Geschichte und Haltung zu Menschen mit Migrationshintergrund, belegt schon im Jahre 1996 eine Umfrage der Demoskopie-Ikone Elisabeth Noelle-Neumann. Demnach hielten unsere Landsleute in puncto *politische Korrektheit* für die wichtigsten Themen: Asylanten, Juden, Hitler, das Dritte Reich, Aussiedler, Neonazis und Türken.[132]

Besonderes Hassobjekt der Rechten sind die »Gutmenschen«. So macht sich ein gewisser Dietmar Bittrich, der immerhin 1991 einen Literaturförderpreis der Stadt Hamburg einheimste, über deren Wortwahl lustig: Sie sagten nicht nur »Schokoküsse« für »Negerküsse«, sondern auch »›amerikanische Ureinwohner‹ für ›Indianer‹, ›Straffälliger‹ für ›Verbrecher‹ … ›barrierefrei‹ für ›behindertengerecht‹ … Und wenn wir uns am Bagel-Shop treffen, sollten wir uns bei der Bestellung schon mal auf ›Gebäck mit Migrationshintergrund‹ einigen für die ursprünglich jüdischen und kosheren Bagels.«[133] Und spätestens, als er sich dann auch noch beklagt, »weil wir nirgends mehr ›Zigeunerschnitzel‹ angeboten bekommen, nicht mal ›Sinti-und-Roma-Schnitzel‹«, da wünschen wir uns einen Mario Barth herbei: Der erzählt wenigstens nur saublöde und uralte Machowitze und betreibt keine mit ebenfalls uralten Kalauern über »Gutmenschen« und *politische Korrektheit* getarnte Stimmungsmache gegen Juden und andere Minderheiten.

Natürlich gibt es – siehe oben – eine kleine Schar wirklich sonderbarer »Gutmenschen«. Aber es geht nicht um jene, die nächtelang nicht schlafen können, weil ihnen die Wörter *Neger* oder *Unterschicht* rausgerutscht sind. Zielscheibe sind die Gegner von Angriffskriegen, von unkalkulierbarem AKW-Risiko und sowieso alle, die den Hunger auf der Welt immer wieder zum Thema machen. So mokiert Bittrich sich über die »Gutmenschen«: »Sie retten Tiere« (S. 53), »Sie sind für die Schwächeren« (S. 91), »üben Solidarität … fördern Behinderte … integrieren Ausländer« (S. 15) und »sie fürchten Kriegerdenkmäler« (S. 107). Bittrich ist es schleierhaft, warum Engländer, Franzosen und US-Bürger auf ihre Gefallenen stolz sind, die Deutschen aber nicht.

Auch hier erweist sich das Lästern über »Gutmenschen« und *politische Korrektheit* als ebenso plumper wie penetranter Versuch, alles, was mit Menschenrechten und Humanismus auch nur im Entferntesten zu tun hat, zu diskreditieren. Wie sagte doch Baden-Württembergs damaliger Ministerpräsident Hans Filbinger im Mai 1978 kurz vor seinem Rücktritt über seine Vergangenheit als Nazi-Richter: »Was damals rechtens war, kann heute kein Unrecht sein.«[134] Und auch nach seinem Tod am 1. April 2007 sorgte er noch für Ärger. Weil Ministerpräsident Oettinger ihn in seiner Trauerrede in die Nähe eines Widerstandskämpfers gerückt hatte, musste er sich beim Zentralrat der Juden entschuldigen.[135]

Vor diesem Hintergrund wird verständlich, warum jemand wie Wolfgang Schäuble in seiner Laudatio vom 26. September 2004 zur Verleihung des Kasseler Bürgerpreises für Klaus von Dohnanyi deutschen »Patriotismus« und »Elitenbildung« als »Zivilcourage« gegen die »political Correctness« verteidigt hat.[136]

In Wahrheit verhält es sich umgekehrt. Ständig und ohne jeden konkreten Anlass jammern sie zum Beispiel in Talkshows, ohne auch nur einmal Luft zu holen, dass sie gar nicht zu Wort kämen und »man heutzutage ja nicht mehr den Mund aufmachen« dürfe. Wenn versierte Moderatoren dann darauf hinweisen, sie machten ja schon minutenlang »den Mund auf« und mögen doch bitte schön etwas zum Thema sagen, dann kommt meistens das blanke Nichts, von einer Tirade gebetsmühlenartig abgespulter rechter oder neoliberaler Schlagworte wie *patriotisch, Leitkultur, Arbeitsanreiz* oder *Eigenverantwortung* einmal abgesehen. Wenn die Rechten dies *Zivilcourage* nennen – welches Prädikat verleihen sie dann dem Manager Dominik Brunner, der im September 2009 an einem Bahnhof der Münchner S-Bahn von zwei Jugendlichen umgebracht wurde, weil er sie am Ausrauben von vier Kindern hindern wollte? Bundesverdienstkreuz posthum, einverstanden, aber haben das nicht auch Hans Filbinger und Uwe Barschel erhalten?

An dieser Stelle ein Wort zum systematischen logischen Widerspruch zwischen Nationalismus und Neoliberalismus, der sich im Übrigen quer durch die Union zieht.

Der nationale Flügel zum Beispiel will »deutsch« und »Leitkultur« und am liebsten noch »Vaterlandsliebe« im Grundgesetz sehen, vor allem aber in dem im Glanze seines Glückes blühenden deutschen Vaterland keine Überfremdung oder *durchmischte und durchrasste Gesellschaft«* (Edmund Stoiber) – Nationalisten sortieren nicht nach Geburtsort oder Staatsangehörigkeit, sondern nach »Rasse«. *Onkel Toms Hütte* lässt grüßen.

Die Neoliberalen wollen im Gegenteil eine freie Marktwirtschaft im Weltmaßstab, also offene Grenzen, keine scheinbar dumpfe Horde, die irgendeine Strophe aus dem *Lied der Deutschen* vor sich hin schmettert. Man stelle sich nur vor, bei einem Treffen der Regierungschefs würde irgendein »Patriot« aus dem Stab der Kanzlerin Barack Obama ein wenig zu laut als *Bimbo* bezeichnen, die chinesische Delegation als *Schlitzaugen* und die Vertreter Saudi-Arabiens – mit denen unsere Wirtschaft ja auch dick im Geschäft ist und bleiben will – als *islamistische Terroristen*. Auch einem Jürgen Rüttgers dürfte seine Kampfparole *Kinder statt Inder* – also Gebärfreudigkeit der deutschen Mutter statt Import ausländischer und noch dazu asiatischer Computerfachleute – längst leidtun: Sicher haben ihn seine Berater aus den Chefetagen der Konzerne darüber in Kenntnis gesetzt, dass Indien mit seinen 1,2 Milliarden Einwohnern einen gigantischen Absatzmarkt für den Exportweltmeister Deutschland abgibt, ob nun für Mobiltelefone oder Schmerztabletten, Tütensuppen oder Panzer.

Fast scheint es, was die beiden Flügel (nicht nur) der Union zusammenhält, ist der gemeinsame Dschungelkrieg gegen die »Gutmenschen« und »politisch Korrekten«.

Perverse Patrioten

Wes Geistes Kind die Helden unserer Deutschnationalen sind, erhellt sich immer häufiger vor Gericht: »Junge Soldaten sollen im Juni 2009 gezwungen worden sein, bis zum Erbrechen rohe Schweineleber zu essen und Unmengen von Alkohol zu trinken«, berichtet der Bayerische Rundfunk im Februar 2010 über die Praxis beim Mittenwalder Gebirgsjäger-Bataillon 233.[137] Einzelfälle?

Wie der von einem mutigen Opfer alarmierte damalige Bundestags-Wehrbeauftragte Reinhold Robbe den Verteidigungsexperten der Fraktionen schrieb, hätten sich die schikanösen Rituale des »Hochzugkults« schon seit Ende der achtziger Jahre herausgebildet und immer weiter gesteigert. Natürlich waren Soldaten des Bataillons auch beim Skandal um die Totenkopf-Fotos aus Afghanistan mit von der Partie. Im Jahre 2006 tauchten Fotos auf, die Bundeswehrsoldaten in Uniform beim Posieren mit Totenschädeln zeigten. Die Bilder sollen auf einer Patrouillenfahrt nahe Kabul drei Jahre zuvor entstanden sein. Die Staatsanwälte stellten ein Verfahren wegen Schändung der Totenruhe später ein.

Einer allerdings verbindet mit seinem Grundwehrdienst beim Bataillon 233 Anfang der neunziger Jahre nur die »besten Erinnerungen«. Für ihn war es »eine ganz wichtige Zeit in meinem jungen Leben«. Er habe »Kameradschaft kennengelernt, wie ich sie in dieser Form noch nicht kannte«. Er heißt Karl-Theodor von und zu Guttenberg, ist unser Verteidigungsminister und hatte von den damaligen Ritualen nach eigenen Angaben keine Ahnung.

Doch auch Soldaten aus anderen Kasernen produzierten Skandale. 2006 wurden obszöne Praktiken der Fallschirmjäger im pfälzischen Zweibrücken bekannt: »Soldaten steckten einem Kameraden Obst zwischen die nackten Pobacken und schlugen mit einem Paddel darauf.«[138] Unwillkürlich fragt man sich: Wird unser Nachwuchs in der Bundeswehr zu gemeingefährlichen Psychopathen erzogen?

Bereits 2004 wurden in der Kaserne Coesfeld Rekruten unter anderem mit Schwachstrom, Wasser und Schlägen sowie mit vorgetäuschten Geiselnahmen und Scheinerschießungen gequält. Erst im Jahre 2007 verurteilte das Landgericht Münster einen Truppenausbilder deshalb zu 18 Monaten Haft auf Bewährung. Zwei Angeklagte wurden freigesprochen[139] – zwei weitere erhielten je 2400 Euro Geldstrafe, darunter ein Ex-Ausbilder, »der laut *Süddeutscher Zeitung* in Großwildjägermanier mit dem Fuß auf dem Rücken eines gefesselten Rekruten für ein Foto posiert hatte«. Im Januar 2009 bestätigte der BGH nur die Bewährungsstrafe, die anderen vier Urteile hob er wegen übergroßer Milde auf.[140]

Ganz anderer Meinung ist Hans Holzhaider ausgerechnet von der *Süddeutschen Zeitung:* »Soldaten werden, nicht nur, aber auch, zum Kämpfen ausgebildet; dabei lässt sich

›Feindberührung‹ nicht immer vermeiden. Was diesen Soldaten vorgeworfen wird, geht nicht über das hinaus, was Kinder sich beim Räuber-und-Gendarm-Spielen antun. Das ist kein Fall für den Strafrichter.«[141]

Fast könnte man meinen, dies habe ein »cooler« 14-Jähriger geschrieben, dem sein Großvater zu viel über seine Heldentat vor Stalingrad vorgeflunkert hat.

Unterdessen erreichen den Wehrbeauftragten Robbe Berge von Berichten Betroffener über »Ekel-Exzesse« *(Spiegel)*. 23 Briefe hielt er für glaubwürdig und wichtig genug, sie im Februar 2010 dem Verteidigungsausschuss, dem Heeresführungskommando und dem Verteidigungsministerium des Mittenwald-Experten von und zu Guttenberg vorzulegen. Vorneweg natürlich wieder die Gebirgsjäger: In Bischofswiesen-Strub in der Nähe von Mittenwald und in Bad Reichenhall sollen zumindest in den Jahren 1993/94 und 2003/2004 ähnliche Rituale gang und gäbe gewesen sein.

Vieles erinnert an den geistig-moralischen Bodensatz: »Manch ein schüchterner Soziopath braucht den Alkohol wie normale Menschen die tägliche warme Mahlzeit. So schreibt einer, dass man als Antialkoholiker in der Truppe einen schweren Stand hat … Bei sogenannten Veranstaltungen geselliger Art ist das Trinken von Alkohol praktisch befohlen, ohne dass dies jemand ausspricht.«[142] Und ein anderer weist auf den Gruppenzwang hin. »Wer nicht mitmacht, ist auf ewig ein Loser«.[143]

Dies streitet Oberstleutnant Fred Siems, Kommandeur des Bataillons 233, keineswegs ab. Aber zu einem konkreten Fall sagt er – und hier treffen sich wieder die Ideologie des rechten Randes mit der des Neoliberalismus: »Der Soldat hat den Test freiwillig mitgemacht«.[144] Der »konservative

Patriot« sagt, jeder kann sich frei entscheiden, mitzumachen und sich einen krankenhausreifen Zustand einzuhandeln, die Neoliberalen sagen, jede Arbeitslosigkeit sei freiwillig, weil man ja für zehn Euro im Monat jederzeit einen Job finden könne.

Aber das Ausleben faschistischer Phantasien hat in der Bundeswehr offenbar ebenso Tradition wie das ehrfürchtige Gedenken an Kriegsverbrecher Erwin Rommel, den der rechte Sumpf noch heute als »Wüstenfuchs« verehrt – trotz oder wegen seiner engen Freundschaft zu Adolf Hitler. So schrieb er in einem Gruß nach Hause über Hitler: »Seine Anerkennung zu finden für mein Tun und Handeln ist das Höchste, was ich mir wünschen kann.«[145] Und seiner Frau vertraute er in einem Brief vom 9. September 1939 an: »Bin viel mit dem F[ührer] zusammen oft bei intimen Besprechungen. Dies Vertrauen ist für mich die größte Freude, mehr als mein Generalsrang.«[146]

Nach diesem vorbildlichen Patrioten sind noch heute Straßen benannt, wie etwa in seiner Geburtsstadt Heidenheim, seinem letzten Wohnort Blaustein-Herrlingen (beide Baden-Württemberg) oder in Erlangen, wie die Kasernen in Augustdorf bei Paderborn und Momstadt bei Ulm.

Wenn man noch berücksichtigt, dass jemand wie der CDU-Abgeordnete Norbert Geis im März 2002 im Deutschen Bundestag die geplante generelle Aufhebung von NS-Unrechtsurteilen gegen Deserteure und Homosexuelle unter frenetischem Beifall vieler Fraktionsfreunde als »Schande« bezeichnet[147] und noch im Mai 2008 über vom Gewissen getriebene Holocaust-Verweigerer meint, »Kriegsverräter« hätten auch nach »heutigen Maßstäben verwerflich gehandelt« und »in einer verbrecherischen Weise den eigenen Kameraden geschadet«[148] – spätestens dann wird klar, dass die erwähnten Ausländermörder ebenso wie die perversen Rekrutenquäler nicht vom Himmel fallen, sondern ihre geistige Vorhut haben.

Teil IV
So demokratisch kommen wir nie wieder zusammen

Demonstrative Demokraten sind das Gegenteil von Faschos und sehen sich selbst als modern, aufgeschlossen, locker, alternativ, vor allem aber als weltoffen und verfassungstreu. Nicht wenige wählen die Grünen, und zwar entweder, weil sie die Partei für »links« *(Fundis)* oder für »pragmatisch« *(Realos)* halten, teilweise aber auch als »kleinstes« Übel innerhalb der Bundestagsparteien. Insgesamt aber kann man diese Gruppe keiner – natürlich demokratischen – politischen Richtung zuordnen.

1. Die Multikulti-Spießer

»Multikulturell« nennt man eine Gesellschaft, in der Menschen unterschiedlicher Herkunft, Nationalität, Sprache, Religion und Kultur zusammenleben und nebeneinander existieren. Durch die kulturellen Unterschiede ergeben sich verschiedene Traditionen, Lebensstile und Vorstellungen von Werten und Ethik.

Ziel des Multikulturalismus ist ein Gemeinwesen, in dem es weder staatlichen noch nichtstaatlichen Anreiz oder »Druck« zur Assimilation gibt. Allerdings funktioniert dieses Modell nur, wenn die jeweiligen Gruppen sich gegenseitig Verständnis, Respekt, Toleranz entgegenbringen und einander als gleichberechtigt ansehen.

Nun passen Deutschnationalismus und Multikulti nicht wirklich gut zusammen. Deshalb gab Edmund Stoiber im Jahre 2000 typischerweise in *Bild* die noch heute gültige Kampfparole aus: »Der entscheidende Punkt für die Union ist, dass wir die Integration ausländischer Mitbürger anstreben und Parallelgesellschaften oder einer multikulturellen Gesellschaft eine klare Absage erteilen.«[149] Der damalige CSU-Generalsekretär Markus Söder sah auf dem Nürnberger CSU-Parteitag 2005 sogar »hier die ›christlich-abendländische Idee‹, dort ›Multikulti‹«.[150]

Noch früher kam allerdings Skepsis aus dem »linken« Lager: Daniel Cohn-Bendit und Thomas Schmid schrieben schon im Jahr 1991: »Die multikulturelle Gesellschaft ist hart, schnell, grausam und wenig solidarisch, sie ist von beträchtlichen sozialen Ungleichgewichten geprägt.«[151] Und sogar Berlins Regierender Bürgermeister Klaus Wowereit sorgte für einen Eklat mit seiner Äußerung, er würde seine Kinder nicht auf eine Kreuzberger Schule schicken[152] – in einen Stadtteil mit einem hohen Migrantenanteil also.

Der Bremer Politologe Stefan Luft macht sich erst recht Luft: Der Multikulturalismus sei »eine Schöpfung akademischer Mittelschichten. Wenn sie von Multikulturalität reden, meinen sie die Vielfalt der gehobenen Gastronomie, die gesteigerten Möglichkeiten sinnlicher Genüsse, das ›Exotische‹, das sie damit verbinden. Für sie sind die Gewaltausbrüche junger Intensivtäter ›Einzelfälle‹ … sie meiden die Nachbarschaft oder gar das schulische Zusammenleben mit den zugewanderten Unterschichten. Die ethnisch-sozialen Unterschichtenkonzentrationen in vielen Großstädten wurden ignoriert oder verklärt.«[153]

Obwohl derartige Kritik hier offenbar als Abendlandpropaganda missbraucht wird, hat Multikultimuffel Luft in manchem recht: Viele dieser »Multikulti-Spießer« essen, trinken, wohnen und kleiden sich tatsächlich »multikulturell«, verteidigen oder bagatellisieren pauschal nahezu jede Handlung und Gewohnheit – oft von Minderheiten – fremder Völker (Religionsfanatismus, Zwangsehe, Frauenbeschneidung) und drücken beim Sport grundsätzlich dem nichtdeutschen Gegner die Daumen. Ausländern, Moslems, Juden oder Eingebürgerten gehen sie mit gönnerhaft anbiedernder Schmeichelei auf die Nerven. So loben sie Taxifahrer fremder Abstammung grundsätzlich für ihr gutes Deutsch oder gehen ihnen mit Fragen oder Schmeicheleien über deren Herkunftsland auf die Nerven.

Besonders peinlich werden die Multikulti-Spießer im Ausland. So bestellt Dieter Krebs in einem Sketch als Italienurlauber beim Kellner: »Io volio uno salati mit gurki und tomati … momento, i volio noch was, ein Huhni complet-

135

to, gebraten«. Reinhard Mey spöttelt über diese Anbiede-
rung an die Einheimischen ebenfalls meisterhaft in seinem
Lied »Mann aus Alemannia«; und auch Henryk M. Broder
mokiert sich über penetranten Philosemitismus. »Von der
›FAZ‹ bis zur ›taz‹, von der ›Kulturzeit‹ auf 3sat bis zum
›Neuen Deutschland‹ sorgten sich alle um das Wohl des
Judentums.«[154] Das Gegenteil von Ausgrenzung ist eben
nicht aufgesetztes Schleimen, schon gar nicht, wenn es
dabei wie Mitleid mitschwingt, dass die Juden und die Migranten das Pech haben, keine »reinrassigen Deutschen«
zu sein.

2. Die Sprachpatrioten:
deutsche Sprache, schwere Sprache

Für den bayerischen Schriftsteller Jean Paul war sie »die Orgel unter den Sprachen«.[155] Der Streit um die deutsche Sprache ist ein Minenfeld, weil er an mehreren Fronten ausgetragen wird:

Deutsch als »Ersatzschlachtfeld« tumber Nationalisten

Als der Stuttgarter Bundesparteitag der CDU Ende 2008 beschloss, die Aufnahme der deutschen Sprache ins Grundgesetz anzustreben, übte die eigene Parteichefin Merkel scharfe Kritik: »Ich persönlich finde es nicht gut, alles ins Grundgesetz zu schreiben. Wir haben jetzt Anträge auf Kultur, auf Sport, auf die Frage der Familien, auf die deutsche Sprache jetzt, und wir müssen aufpassen, dass das jetzt nicht inflationiert.«

Allgemein wurde der Beschluss als Affront gegen die Migranten und Buhlen um den rechten Rand gewertet. »Erneut bedienen einige Politiker in der CDU vorhandene Ängste und Klischees gegenüber Migrantinnen und Migranten«, sagte der Chef der Türkischen Gemeinde, Kenan Kolat, und der FDP-Kulturpolitiker Christoph Waitz – damals Opposition – sprach von einem »populistischen Ablenkungsmanöver«.[156] Deutliche Worte fand auch der Koalitionspartner. SPD-Fraktionsgeschäftsführer Thomas Oppermann: »Das ist überflüssig. Die Amtssprache ist Deutsch. Ansonsten werden bei uns viele Sprachen gesprochen.« Karl-Theodor von und zu Guttenberg, damals noch CSU-Generalsekretär, betonte bissig: »Was wäre das für ein Armutszeugnis für die Gesellschaft, wenn sie das nötig hätte.« Die Gesellschaft müsse auch ohne entsprechende Passagen in der Verfassung »die Kraft aufbringen, ihre Sprache zu schützen«. Antragsteller Peter Müller sah es natürlich ganz anders und viel simpler: »Deutsch ist Deutsch sprechen und deutsche Identität.«[157] Was wohl die Österreicher – gerade vor dem historischen Hintergrund – über solche Sätze denken?

Und auch die Methoden wecken – zu Recht oder nicht – bei manchen böse Erinnerungen.

Deutschkenntnisse als Pflicht für alle Migranten und Einbürgerungswillige

Im Februar 2010 forderte Bundestagspräsident Norbert Lammert die Migranten auf, sich mehr um ihre rasche Einbürgerung zu bemühen und sich mit der deutschen Kultur »auseinanderzusetzen«. Noch geistreicher äußerte sich Bayerns CSU-Innenminister Joachim Herrmann: »Die Einbürgerung sollte die entscheidende Voraussetzung bleiben, dass Nicht-EU-Staatsangehörige an Kommunalwahlen teilnehmen können.«[158]

Was bitte sind deutsche Staatsbürger, die nicht der EU angehören? Erinnert uns das mehr an Stammel-Stoibers beste Jahre oder an die Nazi-Rassengesetze?

Noch brillanter war eigentlich nur noch Parteifreund Ludwig Spaenle im Januar 2010 als Vorsitzender der Kultusministerkonferenz: Er sieht es für die Hauptschule »als zentralen bildungspolitischen Auftrag [...], dass sie unseren Schülerinnen und Schülern ein niederschwelliges Bildungsangebot macht, das auch zu weiterführenden Abschlüssen führt. Gerade für Jugendliche mit Migrationshintergrund.«

Was uns Spaenle damit sagen will: Das nicht arische Migrantengesocks soll höchstens zum Gebäudereiniger, Hilfsarbeiter oder zur Diplom-Toilettenfrau ausgebildet werden. Oder zum Tellerwäscher: Dass es jeder mit diesem Bildungsniveau zum Millionär bringen kann, haben ja unsere Kohorten reicher Erben eindrucksvoll bewiesen[159], für die das Wort *Arbeit* schon immer das heimliche »Unwort des Jahrhunderts« war.

Die Folge einer Politik à la Spaenle: Die Integrationsbeauftragte der Bundesregierung, Maria Böhmer (CDU), gibt sich besorgt über den hohen Anteil von Migranten bei den Leistungsempfängern. Es sei »alarmierend, dass Menschen aus Zuwandererfamilien doppelt so häufig Hartz IV beziehen wie Deutsche ohne Migrationshintergrund«.[160] Die Ausländer als große Abzocker? Da mochte auch Maria Böhmer der Schwesterpartei nicht folgen: »Junge Migranten haben dieselben Chancen auf einen Bildungserfolg wie alle anderen Jugendlichen verdient. Deshalb ist es ein völlig falsches Signal, sie von vornherein der Hauptschule zuzuordnen.«[161]

Ebenfalls ganz anderer Meinung als die CSU war schon ein Jahr zuvor der Deutsche Caritasverband – allerdings nicht gestützt auf Oberammergauer Stammtischgeschwätz, sondern auf eine Studie des renommierten Heidelberger Instituts *sinus sociovision:* »Die meisten in Deutschland lebenden Menschen mit Migrationshintergrund haben eine hohe Leistungsbereitschaft und streben nach Erfolg«, betonte Caritas-Präsident Peter Neher. Und auch sonst räumte die Studie mit Vorurteilen des ultrarechten Abschaums über nichtarische Migranten auf. So gehöre die Mehrheit beispielsweise einer christlichen Konfession an (56 Prozent). Nur 22 Prozent würden sich zum Islam bekennen. Auffallend sei die große Bereitschaft, sich in die deutsche Gesellschaft zu integrieren. Dazu gehöre auch, die deutsche Sprache zu beherrschen. So bestätigten 85 Prozent der Befragten, ohne die Sprache könne man in Deutschland keinen Erfolg haben. 68 Prozent schätzten die eigenen Sprachkenntnisse als sehr gut bis gut ein.

Und was Schwarz-Gelb gar nicht gefallen dürfte: Die Studie belege »eine Vielfalt an Lebenslagen und Einstellungen, die jedoch in der öffentlichen Diskussion um Integration viel zu wenig wahrgenommen werden«, machte Neher unmissverständlich deutlich. Es zeige sich, dass die Frage des Bildungserfolges keine vorrangige Frage des Migrationshintergrundes sei. »Dies ist eine Frage der sozialen Herkunft, die für Deutsche ohne Migrationshintergrund ganz ähnlich gilt.«[162]

Wie aber sieht es mit den nackten Zahlen aus? In Deutschland haben laut Bundesamt für Migration und Flüchtlinge inzwischen 19 Prozent der bundesdeutschen Einwohner einen Migrationshintergrund.[163] Dabei ist die Gruppe der deutschen Staatsbürger mit Migrationshintergrund doppelt so groß wie die der Menschen mit ausländischem Pass.[164] Demgegenüber schätzten die Deutschen den Anteil auf 33 Prozent. Da sind nur die Spanier noch besser. Sie glauben, dass ihre Bevölkerung zu 57 Prozent aus Menschen ausländischer Herkunft bestehe.[165]

Auffällig auch hier: In den neuen Bundesländern, wo die Ausländerfeindlichkeit besonders groß ist, treffen die aufgehetzten Mitbürger auf so gut wie keine Menschen mit Migrationshintergrund.

Allerdings ist der Hass auf Ausländer kein rein deutsches

Phänomen, man denke nur an die Schweizer Volksabstimmung vom November 2009, die ein Verbot für den Bau muslimischer Minarette beschloss. Neben dem klassischen Nein des braunen Sumpfes, so fand der Züricher Politologe Michael Hermann heraus, sei auch die Wahrnehmung des Islam wichtig, um das Abstimmungsergebnis zu verstehen.[166] Ist bei den Eidgenossen geistig unterbelichtete Steinzeit-Angst vor allem Fremden bis hin zum blindwütigen Hass gegenüber »dem Islamismus« schon mehrheitsfähig?

Eine neue internationale Studie des German Marshall Fund zeigt allerdings, »dass politische und kulturelle Vorprägungen die Einstellung gegenüber Einwanderern stärker beeinflussen als zum Beispiel ökonomische Faktoren. Die Wirtschaftskrise der westlichen Welt steigere demnach kaum die Angst vor Zuwanderern, wie Projektleiterin Antje Ziebarth festhält. Also leider nix mit »Kanaken, Zigeuner, Bimbos und Fidschis nehmen mir den Arbeitsplatz weg« – was ja für die »Konservativen« ab 1933 mit dem Feindbild Juden geklappt hat. Unterm Strich, so Ziebarth, hänge alles von der politischen Grundhaltung ab. Während das »linke« Lager in Europa und die Demokraten in den USA Einwanderung vor allem als Chance begriffen, zeigten sich die »Konservativen« – wie *Welt*-Autorin Karen Merkel die Ku-Klux-Klan-Fans liebevoll nennt – eher »ablehnend«. Was Deutschland betrifft: Sind eigentlich deutsche »patriotische« verkrachte Existenzen, die zwar das Umbringen von Migranten ablehnen, das Anzünden ihrer Imbissbuden aber für »menschlich verständlich« halten, eher »konservativ« oder schlicht und einfach *Faschisten* oder brauner Sumpf?

Aber zurück zur deutschen Sprache: Kann ein Arbeitnehmer deutsche Arbeitsanweisungen nicht lesen, darf ihn der Arbeitgeber feuern, entschied das Bundesarbeitsgericht in Erfurt.[167] Vorher allerdings müsse man ihm das Erlernen des Deutschen ermöglichen, zum Beispiel durch einen Sprachkurs.[168]

Dieses Urteil dürfte kaum auf ernsthafte Kritik stoßen. Und so ist es auch zumeist eine infame Unterstellung, vor allem Jugendliche mit Migrationshintergrund würden sich der deutschen Sprache verweigern, im Gegenteil: Gerade in Klassen, in denen zuweilen mehr als zehn verschiedene Muttersprachen vertreten sind, bietet sich Deutsch als »Verhandlungssprache« geradezu an – soll ein türkischer Migrant zwecks Verständigung vielleicht Arabisch, Russisch, Polnisch, Serbisch und vielleicht noch Suaheli lernen?

Etwas ganz anderes als die Forderung, so viel Deutsch zu lernen, dass man sich in Alltag, Ausbildung und Beruf zurechtfindet, ist die Diskriminierung fremder Sprachen und Kulturen.

Als zum Beispiel die Herbert-Hoover-Realschule in Berlin-Wedding schon im Jahre 2005 in ihre Schulordnung schrieb, »Jeder Schüler ist verpflichtet, sich im Geltungsbereich der Hausordnung nur auf Deutsch zu verständigen« – also ein Verbot aller anderen Sprachen –, kam unverzüglich tosender Beifall aus den Reihen der Union. »Schüler, die nicht Deutsch sprechen, sollen den Schulhof fegen«, posaunte der schulpolitische Sprecher der Hamburger CDU-Bürgerschaftsfraktion, Robert Heinemann, standesgemäß in *Bild*.[169] Und Baden-Württembergs damaliger Ministerpräsident Günther Oettinger nutzte in bewährter Manier auch dieses Thema zu plumpem, drohendem Nationalismus: »Die Minderheiten müssen bereit sein, die Grundwerte der Mehrheitsgesellschaft zu akzeptieren. Das setzt eine gemeinsame Sprache voraus.«[170]

Das Amüsante daran: Gerade Oettinger sitzt derzeit im komfortablen Glashaus. »›We are all sitting in one boat‹ – Günther Oettinger is stammeling English«, lästert Hannelore Crolly am 26. Januar 2010 fabelhaft in der *Welt* über eine Rede Oettingers Ende 2009 in Berlin. »Der Auftritt ist im Internet ein Hit: Hunderttausende haben sich auf YouTube den Versuch des künftigen deutschen EU-Kommissars Günther Oettinger angeschaut, ein paar vorgefertigte Sätze auf Englisch vom Papier abzulesen. Für die Häme gibt es einen guten Grund.« Denn: »Oettinger vernuschelt einfache Wörter wie ›energy‹ – obwohl er als künftiger Kommissar in Brüssel immerhin das Energieressort leiten soll. Er spricht ›psychology‹ falsch aus – nämlich deutsch. Hin und wieder scheint er selbst nicht recht zu verstehen, was ihm seine Referenten und Übersetzer zusammengeschrieben haben, und gerät ins Stammeln. Selbst einfache Begriffe werden falsch betont.«[171]

»Oettinger: ›Ich werde einen Sprachkurs machen‹«, titelte *Bild* drei Tage später schadenfroh und diesmal ausnahmsweise wirklich fast für die ganze Nation. »Ein kurzer Rede-Mitschnitt … schon ist der designierte EU-Kommissar ein Kult-Star im Internet. Mehr als eine Million User haben seine *Rede auf Englisch* schon geklickt und sich dabei über seinen Dialekt amüsiert.« Und *Bild* erfand auch schon zwei neue Wörter für Oettingers Kauderwelsch: »Spätzle-Englisch« und »Schwänglisch«.[172]

Da kann auch die *taz* nicht abseitsstehen: »There is One who can reach Westerwave the Water: Mr. Oettinger«, spottet Julia Seeliger und erinnert höhnisch an eine Aussage Oettingers von 2005 im SWR: »Englisch wird die Arbeitssprache.« Jeder, »egal ob er Facharbeiter an der Werksmaschine oder ob er Geschäftsführer« ist, müsse »Englisch verstehen und sprechen können«.[173] Daraufhin kürte ihn der *Verein Deutsche Sprache* (VDS) zum »Sprachpanscher des Jahres«.

Angesichts des – vorsichtig formuliert – wirren und oft wahlkampfmotivierten Geplänkels klingt die Meinung des 17-jährigen Herbert-Hoover-Realschul-Schülersprechers Asad, Sohn pakistanischer Eltern, schon fast weise: »Wir brauchen die deutsche Sprache. Was sollen wir denn machen? Wir wollen unseren Realschulabschluss, und wenn wir eine Lehrstelle finden oder das Abitur machen wollen, dann müssen wir gut Deutsch sprechen«.[174]

Deutsch contra Denglisch

Manche Firmen sind irrsinnig international. Bei *Airbus* zum Beispiel heißt die Lehrlingsbetreuung »Young People Development«, der Personalleiter heißt »Human Resources Manager« und der Hausmeister »Facility Manager«. Viele Unternehmen finden es offenbar modern, ihre Mitarbeiter oder Abteilungen englisch zu bezeichnen. »Doch viele Deutsche verstehen nur noch Bahnhof«, klagt *Welt Online* über den »Anglo-Firlefanz«.[175]

Und sogar die *Deutsche Bahn* versprach im Februar 2010, künftig weniger Anglizismen auf Bahnhöfen und im Bahnverkehr zu verwenden, was die Sprachschützer vom VDS natürlich begrüßten. Die *Deutsche Bahn* habe durch ihren täglichen Kontakt zum Kunden großen Einfluss auf den deutschen Wortschatz; und die Reisenden könnten gut auf *Touch-Points*, *Service-Points* und *Ticket-Counter* verzichten.

Übrigens wählte der VDS im Jahre 2007 den damaligen Bahn-Chef Hartmut Mehdorn zum »Sprachpanscher des Jahres«, weil er im Bahnverkehr immer mehr deutsche Wörter durch englische ersetzte.[176]

Fast Deutsch

Wie jede Sprache verändert sich auch die deutsche ständig. So wurden in der aktuellen 25. Auflage des Duden im Jahre 2009 etwa 5000 neue Wörter aufgenommen, darunter *twittern, fremdschämen, Komasaufen, Bad Bank, Flatrateparty, Nacktscanner* und *No-go-Area* ebenso wie *Abwrackprämie, Frauenversteher, Börsenzocker, It-Girl, Heizpilz* oder *Raucherkneipe*.

Dass Wörter fremder Sprachen eingedeutscht werden, hat nichts mit einem Verstoß gegen die »Reinheit der deutschen Sprache« oder gar mit Sittenverfall zu tun, man denke nur an *Interesse, Charme, Eleganz, Infektion, autogenes Training, Hypnose* oder *Friseur*. Überhaupt die Anglizismen: Der Duden selbst wirbt mit seinem *Download-Shop* – hätte man »Herunterlade-Geschäft« schreiben sollen? Ob *Fastfood, Wellness, Stalking, Briefing oder Brunch, Swimmingpool, Brainstorming, Casting oder Catering, Flop, Flyer, Cash* oder *Global Player, Management, Marketing, Masterplan* oder *Meeting, One-Night-Stand, Open-End, on demand* oder *Outsourcing, Prime Time, Relaxen, Spot* oder *Event*: Die Liste der Vokabeln, die wir eigentlich schon wie deutsche verwenden, ließe sich beliebig fortsetzen. Krampfhafte Versuche einer Übersetzung ins »reine« Deutsche werden meist unverständlich, langatmig, altmodisch oder einfach lächerlich. Soll man einen *Pullover* »knopf- und reißverschlusslose Jacke« nennen und eine *Homestory* »Zuhausegeschichte«?

Umgekehrt aber haben sich in unserem Sprachschatz englische Wörter eingenistet, die gar keine sind. Klassisches Beispiel ist das *Handy,* das die Briten »mobile phone« und die Amis »cell phone« nennen. *Oldtimer* heißt auf Englisch »veteran car« und ein *Talkmaster* »TV host«. Das wüsste man natürlich, könnte man doch nur Englisch. So aber muss es mit Denglisch auch gehen.

Die Werbespots hingegen werden von der Hälfte der möglichen Kunden gar nicht kapiert. »Come in and find out« *(Douglas)* übersetzten seinerzeit manche mit »Komm rein und finde wieder raus«, »Drive alive« *(Mitsubishi)* mit »Fahre lebend« und »Powered by emotion« *(SAT1)* mit »Kraft durch Freude«.[177]

Aber auch das ist – außer für die betreffenden Unternehmen – nicht weiter schlimm: Ob privat oder beruflich, man sollte sich so ausdrücken können, dass man verstanden wird. Das jedenfalls ist wichtiger als ein formal korrektes, aber so umständliches oder gedrechseltes Deutsch, dass der Normalbürger auch wieder nicht weiß, was man überhaupt sagen will.

3. Die Verfassungspatrioten

Wer als kleinste Gemeinsamkeit der in Deutschland Lebenden – und sei es auch als Objekt von »Liebe« und »Stolz« – das Grundgesetz nennt, kommt dem US-Patriotismus vergleichsweise nahe. Aber Vorsicht! Manche dichten unserem Grundgesetz nicht vorhandene Bestandteile wie Marktwirtschaft an, verwässern andere wie Menschenwürde und verschweigen wieder andere beharrlich, wie etwa die Möglichkeit der Enteignung zum Gemeinwohl nach Artikel 15: »Grund und Boden, Naturschätze und Produktionsmittel können zum Zwecke der Vergesellschaftung durch ein Gesetz, das Art und Ausmaß der Entschädigung regelt, in Gemeineigentum oder in andere Formen der Gemeinwirtschaft überführt werden.« Diese Passage halten selbst viele nach Selbsteinschätzung Grundgesetztreue für einen Teil der alten DDR-Verfassung.

Auch kennen nur die wenigsten die Geschichte unseres Grundgesetzes und halten sie für eine Art göttliches Gebot. Sie ahnen nicht einmal, dass der Parlamentarische Rat, der das Grundgesetz am 8. Mai 1949 verabschiedete, ein von den elf Ministerpräsidenten der deutschen Länder der drei westlichen Besatzungszonen auf Anweisung der drei Westmächte, Frankreich, Großbritannien und Vereinigte Staaten von Amerika (USA), eingesetztes Gremium war und dass das Grundgesetz von den Militärgouverneuren der britischen, französischen und amerikanischen Besatzungszone genehmigt werden musste, was am 12. Mai 1949 auch geschah. Auch dürfte kaum bekannt sein, dass unter den 65 »Vätern des Grundgesetzes« – dem Parlamentari-

schen Rat also – in Wahrheit auch vier »Mütter des Grundgesetzes« waren.

Viele halten den Begriff *Grundgesetz* nur für ein anderes
Wort für Verfassung, was aber falsch ist, wie aus Artikel 146
GG hervorgeht: »Dieses Grundgesetz, das nach Vollendung
der Einheit und Freiheit Deutschlands für das gesamte
deutsche Volk gilt, verliert seine Gültigkeit an dem Tage, an
dem eine Verfassung in Kraft tritt, die von dem deutschen
Volke in freier Entscheidung beschlossen worden ist.« Dass
dies 20 Jahre nach der Vereinigung noch immer nicht geschehen ist, kann man als Schlamperei bezeichnen – oder
einfach als Angst vor Volksabstimmungen. Die nämlich
hätten wahrscheinlich sowohl den Euro als auch die
Kriegseinsätze oder die Agenda 2010 inklusive Hartz IV zu
Fall gebracht. Das leidige Thema holte im April 2009 der
damalige SDP-Chef Franz Müntefering aus der Versenkung. Er schlug vor, 20 Jahre nach dem Mauerfall endlich
eine gesamtdeutsche Verfassung zu schaffen. Das Verhältnis zwischen Ost und West »leidet darunter, dass wir
1989/90 nicht wirklich die Wiedervereinigung organisiert
haben, sondern die DDR der Bundesrepublik zugeschlagen
haben«. Man habe den Ostdeutschen das Grundgesetz
»einfach übergestülpt, anstatt eine gemeinsame Verfassung
zu schaffen. Das muss man aufarbeiten«.[178]

Viele *Verfassungspatrioten* ähneln einerseits aufrechten
»Multikultis«, etwa wenn sie die Einhaltung der Gesetze
zum einzigen Kriterium ihrer Haltung für oder gegen Ausländer und Migranten machen, ohne ihnen eine »Assimilation« an das angeblich »typisch Deutsche« abzuverlan-
gen. Andererseits haben sie auch etwas von Duckmäusern,
wenn ihr Hauptmotiv ist, durch unkritische uneinge-
schränkte Gesetzestreue in allen Lebensbereichen »auf der

richtigen Seite« zu stehen, anstatt sich für die Änderung solcher Gesetze einzusetzen. Drittens gleichen manche auch Denunzianten, wenn sie zum Beispiel der Obrigkeit »melden«, sie hätten den Finanzoberinspektor aus dem Nebenhaus auf einer »linksradikalen verfassungsfeindlichen« Kundgebung gesehen: »Darf der das als Beamter?« Aktive und überdies juristisch versierte Verfassungspatrioten rufen bei wirklichem oder vermeintlich erlittenem Unrecht das Bundesverfassungsgericht an. Verfassungsbeschwerden wurden in jüngster Zeit zum Beispiel eingereicht gegen Online-Durchsuchung, Vorratsdatenspeicherung, Bundestrojaner, gegen die automatische Erfassung von Pkw-Kennzeichen in Baden-Württemberg oder für ein »gemeinsames Sorgerecht gegen den Willen der Kindesmutter«. Man muss diese Ziele nicht teilen. Aber jedenfalls sehen diese Mitbürger das Grundgesetz und all die übrigen Gesetze nicht wie der letzte Partygast das Angebot für noch ein neues Glas Wein – als eine Offerte, die man höflich ablehnt. Sie machen regen Gebrauch von all den Rechten, die ihnen wirklich oder vermeintlich zustehen, und gerade das macht sie für die Gegenseite verdächtig.

Sie berufen sich hier pausenlos aufs Grundgesetz? Sagen Sie mal, sind Sie eigentlich Kommunist?

Franz Josef Degenhardt,
»Befragung eines Kriegsdienstverweigerers«, 1972

Für sie erfand man den gulagschen Begriff »Querulanten«. Ist der Vergleich mit dem stalinistischen Terrorquartier Archipel Gulag mit seiner Methode, Andersdenkende für verrückt zu erklären, wirklich so absurd? »Der Querulant versucht starrsinnig und unbeeinflussbar durch maßgebende Belehrung, sein vermeintliches oder tatsächliches Recht zu erreichen«, heißt es in Wikipedia. »Sein Verhalten steht in keinem angemessenen Verhältnis zur Situation … Der Querulantenwahn ist ein seelisches Leiden, das zur Einschränkung der Schuldfähigkeit im strafrechtlichen Sinne führen kann«, urteilte der Bundesgerichtshof.[179] Wer hier wegen eines »seelischen Leidens« behandlungsbedürftig ist, wäre eine ganz andere Frage.

Sicherlich gibt es auch eine Minderheit echter Querulanten, die alle möglichen Leute für alles Mögliche anzeigen oder verklagen. Nur sind es sicherlich nicht diese paar bedauernswerten Geschöpfe, deretwegen sich der Bundesgerichtshof zu einem Urteil bequemt hat.

Es geht aber um andere: »Nach dem Willen der Länderjustizminister sollen für Sozialgerichtsverfahren im Voraus Gebühren zwischen 75 Euro und 225 Euro fällig sein. Falls jemand die Mittel nicht hat, soll das Verfahren nicht eröffnet werden.« »Recht gegen Cash also!?«, fragt das bekannte Internetportal *gegen-hartz.de*. »Wer wenig im Leben hat, braucht viel im Recht!«, sagt dazu Erhard Eppler, einer der wenigen integren Spitzenpolitiker unserer Zeit.[180] Und *gegen-hartz.de* folgert völlig richtig: »Zweck der Gebühr ist es, die gerichtliche Überprüfbarkeit von Entscheidungen der Sozialleistungsträger zu verhindern.«[181]

Hier aber liegt die Achillesferse der *Verfassungspatrioten:* Beschlossen ist beschlossen, und Gesetz ist Gesetz. Wie ungerecht das im Einzelnen ist, kümmert sie ebenso wenig wie der Umstand, dass das Bundesverfassungsgericht im Laufe der letzten Jahre fast ein Dutzend der von den ehrwürdigen Regierungen von Bund und Ländern ausgetüftelten

Gesetze für verfassungswidrig erklärt hat: Nein, wir dürfen nicht auf Gutdünken oder auf den Tipp eines *Bild*-Schreiberlings hin irgendwelche Passagiermaschinen vorsorglich abschießen und Hunderte Menschen umbringen, nur damit nicht das Brandenburger Tor von Terroristen in Schutt und Asche gelegt werde. Von der Online-Durchsuchung bis zur Pendlerpauschale stümpern Regierung und Parlament Gesetze zusammen, die das Bundesverfassungsgericht als grundgesetzwidrig stoppen muss. Nein, der Staat darf auch nicht willkürlich in Computern schnüffeln, damit schwarze Schafe unter den Beamten Intimfotos als Erpressungsmaterial benutzen können. Schließlich würde die Liste in den letzten 20 Jahren kriminell gewordener Polizisten und Geheimdienstler mehr Seiten füllen als das Telefonbuch von Erlangen.

4. Die Alternativdemokraten

Alternativdemokraten geben sich nicht damit zufrieden, das Grundgesetz in seiner jeweils aktuellen Form zu befolgen und zu verteidigen, sondern halten es durchaus für verbesserungswürdig und wollen es deshalb verändern. Allerdings dürfen nicht alle Artikel beliebig verändert werden. Artikel 79 Absatz 3 nämlich legt fest: »Eine Änderung dieses Grundgesetzes, durch welche die Gliederung des Bundes in Länder, die grundsätzliche Mitwirkung der Länder bei der Gesetzgebung oder die in den Artikeln 1 und 20 niedergelegten Grundsätze berührt werden, ist unzulässig.« Logischerweise ist auch der Artikel 79.3 unveränderbar.

Mit dieser *Ewigkeitsklausel* wollte der Parlamentarische Rat die Lehren aus der NS-Zeit ziehen und die Menschenwürde (Artikel 1) sowie die Strukturprinzipien zu den Themen Republik, Demokratie, Bundesstaat, Rechtsstaat und Sozialstaat (Artikel 20) zusätzlich schützen.

Über fünfzig Mal wurde das Grundgesetz bisher geändert. Auch derzeit gibt es jede Menge derartige Forderungen und Initiativen. So sammelt das Aktionsbündnis Kinderrechte (UNICEF, Deutscher Kinderschutzbund, Deutsches Kinderhilfswerk) Unterschriften für die Aufnahme der Kinderrechte ins Grundgesetz; schließlich ist der Tierschutz schon seit dem Jahre 2002 Bestandteil. Die CDU will Deutsch, die FDP Kultur, die SPD Sport, Kinderrechte und Kultur als Block aufgenommen wissen. Mehrere Bürgerinitiativen fordern den bundesweiten, aus dem Volk initiierten Volksentscheid ins Grundgesetz aufzunehmen. Der gemeinnützige Verein *Mehr Demokratie e.V.* nennt als noch weiter gehendes Ziel »das Recht auf Volksabstimmung. In Gemeinden und Ländern, im Bund und in der Europäischen Union sollen die Menschen über wichtige Sachfragen *in fairen Abstimmungen* entscheiden können.«[182]

Im Stadtstaat Hamburg, wo, wie in den meisten anderen Bundesländern, Volksentscheide zur Verfassung prinzipiell möglich sind, stimmten im Oktober 2007 nur 39,7 Prozent der 1,24 Millionen Wahlberechtigten über die *Stärkung der direkten Demokratie* ab, was aber im Vergleich mit den 34,7 Prozent bei der Europawahl im Juni 2009 so schlecht nun wieder nicht war.[183]

Übrigens zeigt eine Umfrage der *BAT-Stiftung für Zukunftsfragen* vom September 2009 den Unterschied zwischen Politik- und Politikerverdrossenheit. Während sich nur 37 Prozent (2002: 25 Prozent) als politisch desinteressiert sehen, sind 73 (25) Prozent mit Politikern und Parteien unzufrieden, 68 (50) Prozent fühlen sich von Wahlversprechen belogen, und 61 (42) Prozent sehen in Politikern keine moralischen Vorbilder.[184]

Mit pauschaler Politikverdrossenheit habe das aber wenig zu tun, meint auch der Gießener Politikprofessor Claus Leggewie. Kaum betroffen seien »alternative Formen politischer Beteiligung, von Unterschriften-Sammeln und Petitionen über Demonstrationen bis hin zu Aktionen zivilen Ungehorsams und gewalttätigen und somit strafbaren Handlungen«. Gerade die globalisierungskritische Bewegung beweist für Leggewie, dass auch »Jüngere, die unter allen Altersgruppen die größte Ablehnung zur ›normalen‹ Politik demonstrieren, politisiert und selbst aktiv werden«.[185]

Und tatsächlich: Von Aachen bis Zossen, von Rostock bis Rosenheim sind mittlerweile Zehntausende couragierter

Bürger in Hunderten Städten und Gemeinden bei überparteilichen Organisationen wie *Bündnis gegen Rechts* oder *Gesicht zeigen!* antifaschistisch organisiert und Hunderttausende auf den Beinen, ob nun bei Gegendemonstrationen und Kundgebungen zu ultrarechten Veranstaltungen und Aufmärschen, beim Verhindern dieses öffentlichen Nazi-Theaters durch Sitzblockaden, bis hin zu eigenen Gedenkmärschen, etwa zum Jahrestag des Reichskristallnacht-Pogroms in der Nacht vom 9. auf den 10. November 1938. Natürlich bekennen sich auch viele Promis zum Kampf gegen Rechts, zum Beispiel im Bündnis *Gesicht zeigen!*.

Selbstverständlich muss man nicht alle Unterstützer mögen, und natürlich sind Zweifel erlaubt, ob nicht der eine oder andere Promi die Eigenwerbung im Hinterkopf hat. Dies ist hier aber völlig unwichtig. Selbst bei den Vermarktern zählt vor allem die Erkenntnis, dass man heutzutage mit Antifaschismus punkten kann, weil er sich auf dem Weg zur Volksbewegung befindet.

Wie populär inzwischen Bürgerbeteiligung insbesondere beim Kampf gegen Neonazis ist, zeigt das Phänomen, dass sich jetzt sogar Großkonzerne als Antifaschisten präsentieren. So wollten der Energiegigant Vattenfall und das Bürger-Bündnis *Cottbuser Aufbruch* ab Februar 2010 mit einem zehn Meter langen Banner über dem Haupteingang der Cottbuser Vattenfall-Verwaltung gegen Nazis »ein Zeichen setzen«.[186]

Teil V
Über Patriotismus
redet man nicht

1. Gemeinsame Vision

Geht es nach Angela Merkel, haben »deutsche Tugenden« wie Ehrlichkeit und Fleiß und natürlich die deutsche Sprache – und sei es auf Stoiberschem Stammelniveau oder Pofallas Stammtischlevel – große Bedeutung für den Zusammenhalt der Gesellschaft.[187] Fehlen nur noch »Pünktlichkeit und Sauberkeit, Ruhe und Ordnung«. Ohne gemeinsame Grundwerte und Visionen kein nationales Wir-Gefühl.

Die Realität sieht anders aus: Die Ideologie »Jeder gegen jeden« und die Vergrößerung der Arm-Reich-Schere spalten die Gesellschaft. Zumindest die Vision einer Gesellschaft, die geprägt ist von Solidarität, Menschenwürde, Freiheit, sozialer Gerechtigkeit und Sicherheit sowie Wohlstand für alle, scheint noch Sonnensysteme entfernt. Marktwirtschaftler halten eine solche Gesellschaftsform für naive Utopie, weil der Egoismus auf Kosten anderer dem Menschen als *homo oeconomicus* quasi angeboren sei. Knackpunkt dabei ist tatsächlich das Volk selbst. Und dass das nicht nur oder auch nur überwiegend aus skrupellosen, gefühlskalten Raffkes besteht, zeigt sich nicht nur beim selbstlosen Einsatz freiwilliger Katastrophenhelfer etwa beim Hochwasser der Oder 1997 und der Elbe 2002. Sondern auch an der Spendenbereitschaft der Normalbürger, und zwar beileibe nicht nur für Bundesbürger: Ob der Tsunami im Indischen Ozean im Jahre 2004 oder das Erdbeben in Haiti im Jahre 2010 – wenn Hilfe gebraucht wird, sitzt gerade den Normalbürgern der Geldbeutel locker. Was die Milliardäre und »Charity«-Freaks dazu beitragen, wird leider kaum bekannt. Zu fragen wäre aber, ob auch die

Superreichen fünf Prozent ihres Monatseinkommens spenden wie so manche Hartz-IV-Empfänger mit ihren 20 Euro.

Und auch sonst will der normale Deutsche – anders als der Neoliberale – nicht für jede Leistung gleich eine Gegenleistung sehen.

Mehr als jeder dritte Bürger ab 14 Jahren arbeitet ehrenamtlich in Vereinen, Initiativen, Projekten, Selbsthilfegruppen oder karitativen Einrichtungen aktiv mit. Dass gerade Letzteres schamlos ausgenutzt wird, weil viele Gratiskräfte reguläre bezahlte Jobs einsparen, liegt auf der Hand. Eine gutmütige Studentin oder Rentnerin sieht das unvorstellbare Elend in – vor allem – privaten Seniorenheimen. Und schon wird nicht lange überlegt, sondern ehrenamtlich mit Hand angelegt – vermutlich oft auch inoffiziell. Null Euro Lohnkosten interessieren kein Finanzamt. Und das funktioniert nicht nur im Gesundheitswesen und in der Altenpflege. Eltern fühlen sich beim Besuch der Schule ihres Nachwuchses wie im Trash-Film: Die Klassenzimmer sind voller Schimmel, die Toiletten wirken, als wären sie zuletzt unter Kaiser Wilhelm gereinigt worden, und die Turnhalle sieht angesichts bröckelnder Decken und Wände stark einsturzgefährdet aus. Eines von Tausenden Beispielen und deshalb typisch dafür, unter welchen Umständen unsere Kinder lernen sollen – schwarz-gelbes neoliberales Dauergerede von »Verantwortung für unsere Nachkommen« hin oder her –, ist die Wiesbadener Comeniusschule: »Der Zustand spottet jeder Beschreibung«, empört sich Sabine Müller von der *Frankfurter Rundschau*. Doch die Stadt habe die versprochene Sanierung jetzt einfach abgeblasen: Angeblich seien die zehn Millionen Euro für die Renovierung nicht da. »Der Efeu wächst durch verfaulte Fensterrahmen in die Unterrichtsräume hinein, die Waschbecken schimmeln, der gammelige Linoleum-Boden löst sich ab, bei Regen fließt das Wasser den Flur hinab, in der Turnhalle wächst das Gras durch Bodenritzen und der Efeu durch Risse in den Wänden.« Dazu der wütende Comenius-Leiter Bernhard Hofbeck: »Hier sieht es aus wie in einem Asylantenwohnheim kurz vor dem Abriss.«[188] Aber alles reine Nervensache. Irgendwann werden die Eltern schon anpacken.

Zum Vergleich denke man nur an die Geschenk-Milliarden für unsere »systemrelevanten Banken« oder daran, dass ein durchschnittlicher deutscher Superreicher (1,2 Milliarden Euro) durch Zinsen, Dividenden oder Börsenboom – ohne einen Handschlag – monatlich mehrere Millionen Euro einstreicht.[189]

Aber zurück zur Kanzlerin: Angesichts dieser Zustände sollen »Ehrlichkeit und Fleiß« die Gesellschaft zusammenhalten? Warum nicht auch noch »Sauberkeit und Anstand, Ruhe und Ordnung«? Soll das die Vision sein, die deutsche Antwort auf den »american dream«?

Nicht zufällig trat der Liedermacher und engagierte Menschenrechtler Bruce Springsteen bei unzähligen Wahlkampfveranstaltungen Barack Obamas auf. Und nie fehlte das Lied des 1967 (im Alter von 55 Jahren) verstorbenen schwarzen Bürgerrechtlers Woody Guthrie »This Land is your Land«, die heimliche US-Nationalhymne.

Kann sich irgendjemand ernsthaft vorstellen, dass auf einer Veranstaltung der Merkels, Westerwelles und Steinmeiers die Menschen Tränen der Hoffnung in den Augen haben? Die meisten Spitzenpolitiker haben im eigentlichen Sinne auch keine Visionen, über die der damalige Kanzler Helmut Schmidt im Bundestagswahl 1980 in Anspielung auf die »Visionen« Willy Brandts lästerte: »Wer Visionen hat, sollte zum Arzt gehen.«[190] Natürlich haben auch unsere trotz Weltbankenskandal und Wirtschaftskrise neoliberal geprägten Politiker Vorstellungen von der Zukunft, sogar recht simple und logische. Weiterhin Privatisierung und Sozialstaatsabbau, *freier Markt,* als dessen zwangsläufige Folge wie beim *Monopoly* die Reichen immer reicher und die Armen immer ärmer werden. Damit dies nicht irgendwann zum Volksaufstand führt, braucht man den Orwell-Staat, also den gläsernen Menschen, die umfassende Gehirnwäsche und natürlich den Einsatz der Bundeswehr im Innern. Da kein Spitzenpolitiker solche Zukunftsideen offen verkünden kann, verbrämt man die Sache mit Sprechblasen.

Generationengerechtigkeit

Generationengerechtigkeit ist in Wahrheit nur eine Ausrede für die »Sparkurs« genannte Umverteilung von unten nach oben. Putziges Beispiel hausbackener Demagogie: Staatsoberhaupt Horst Köhler, seinerzeit nur x-te Wahl für dieses Amt hinter Wolfgang Schäuble und einigen anderen, belehrte jene Ossis, die für genau dieselbe Arbeit kaum mehr als die Hälfte bekamen, »dass es gleiche Lebensverhältnisse überall nicht geben könne. Wer die Unterschiede einebnen will, zementiert den Subventionsstaat und legt der jungen Generation eine untragbare Schuldenlast auf«.[191] Wie jemand Bundespräsident werden konnte, dessen Imitationen durch Kabarettisten echter wirken als er selbst, wäre eine Frage, die den Rahmen des Buches sprengen dürfte, deshalb nur ein Beispiel: Als Gehilfe der nicht weniger berüchtigten Treuhandchefin Birgit Breuel verlangte der ewige Verlierer Köhler, in der ehemaligen DDR müsse »auch mal gestorben« werden, womit er die Stilllegung angeblich unrentabler Betriebe der DDR meinte. Blut müsse fließen, natürlich nur im übertragenen Sinne. Und dafür, dass in der ehemaligen DDR nach ihrem Anschluss an die BRD massenhaft »gestorben« wurde und im übertragenen Sinne Blut floss, sorgte Finanzstaatssekretär Horst Köhler gemeinsam mit dem von ihm als Leiter der Arbeitsgruppe »Innerdeutsche Beziehungen« an seine Seite geholten Thilo Sarrazin und dem Leiter der Abteilung Geld und Kredit Gert Haller.[192]

Chancengerechtigkeit

Chancengerechtigkeit bedeutet, dass hundert Jugendliche nicht etwa eine faire Chance auf *je eine* Lehrstelle haben, sondern um eine einzige kämpfen. Überflüssig zu sagen, dass das mehr mit der Jagd auf den Lotto-Jackpot zu tun hat als mit dem im Grundgesetz verankerten Recht auf Streben nach Glück. Vollends dummdreist wird es, wenn man das Schlagwort *Bildung* ins Spiel bringt. Erinnern wir uns an den Spruch: »Es gibt kein richtiges Leben im falschen« (Adorno). Ebenso gibt es keine Gerechtigkeit in einem ungerechten System. Natürlich können alle Eltern ihre Kinder auf Privatschulen wie Schloss Salem schicken, vorausgesetzt, man kann die lächerlichen 15 000 bis 30 000 Euro jährlich[193] aus der Portokasse zahlen, wie die Manager, Millionenerben und Steuergangster ja auch. Und auch das ist noch keine Garantie. Eine gewisse Ariane Sommer, immerhin Nichte des erwähnten *Leitkultur*-Philosophen Theo Sommer, machte dort 1995 Abitur. Im November 2001 präsentiert der MDR sie so: »Die 23-jährige

Ariane Sommer gilt als Nachfolgerin von Jenny Elvers oder Julia Siegel. Sie ist als Dauergast auf Partys auch Dauergast in den Klatschspalten der Magazine und Boulevardblätter.«[194] Die normalen Schüler aber hausen im Geiste der Chancengerechtigkeit wie in der erwähnten Wiesbadener Comeniusschule. Deren Eltern haben lediglich den schwachen Trost, dass ihr Nachwuchs es vermutlich weiter bringen wird als die Salem-Elevin Sommer als Model und »It-Girl«.

Leistungsgerechtigkeit

Leistungsgerechtigkeit richtet sich, abgesehen von der weitestgehend folgenlosen Kritik an astronomischen Gehältern für unfähige und Abfindungen für gescheiterte Manager, vor allem gegen leistungslose Einkommen – aber nicht etwa der Millionenerben, sondern der Hartz-IV-Empfänger; aber nicht nur gegen die, sondern auch gegen die Mittelschicht.

So zahlt ein Alleinstehender mit einem Einkommen von 4600 Euro brutto im Monat 1151,87 Euro Steuern, ein Reicher dagegen, der auf seine 10 Millionen Euro bei niedrig geschätzten fünf Prozent an Zinsen, Dividenden und Ähnlichem rund 41 667 Euro leistungsloses Monatseinkommen einstreicht, zahlt dafür nur 10 416,66 Euro Abgeltungssteuer – und das, obwohl mancher Klinikarzt oder Facharbeiter abends todmüde ins Bett fällt, während nicht wenige Millionäre und ihre Partner mit Golf, Kreuzfahrten, Weltreisen oder Charity-Events, im Nachtclub oder auf der Schönheitsfarm, vielleicht auch mit Luxushostessen oder Gigolos die Demokratie mitsamt ihrer Leistungsgerechtigkeit genießen.

Gegen derartige »Visionen« muten sogar die Passagen aus unserer Nationalhymne »Einigkeit und Recht und Freiheit ... *brüderlich* mit Herz und Hand« wie sozialistische Paradiesträume an. Aber da gibt es ein Problem: Einerseits sind sie dermaßen vage, dass ihnen kaum jemand zu widersprechen wagt. Dennoch ist unsere Gesellschaft einig, was schon aufgrund der Arm-Reich-Schere kaum möglich ist. Auch das Schweigen mit geballter Faust in der Tasche ist etwas anderes als Zustimmung.

Der Berliner Geschichtsprofessor Alexander Nützenadel hingegen hält nicht nur den Abstand zwischen Managergehältern und Arbeiterlöhnen für gerecht. Er weist auch ehrlicher auf den unüberbrückbaren ideologischen und praktischen Gegensatz von Verteilungs- und Leistungsgerechtigkeit hin. Während Deutsche und Skandinavier Ersteres hoch bewerteten, werde in den angelsächsischen Ländern Letzteres favorisiert. Eine Folge: »In den USA redet man offen über Geld und empfindet es als positiv, wenn jemand viel verdient. In Deutschland oder den skandinavischen Ländern ist das streng verpönt.«[195]

Dies aber reicht nicht als Erklärung dafür, warum einige, in den USA sogar erschreckend viele Menschen die extreme Kluft zwischen Arm und Reich als ganz normal empfinden. Man muss schon, wie manche Sekten oder Sektierer, der Überzeugung sein, dass Gott der Allmächtige jedem sein verdientes Schicksal zuteilt und daher alles seine Richtigkeit hat.

Etwas Besseres als Menschen, die diesem neoliberalen oder pseudoreligiösen Gedankenmüll auf den Leim gehen, können sich die Reichen und Mächtigen eigentlich gar nicht wünschen. Nicht umsonst verschwand von dem Motto der Französischen Revolution, »Freiheit, Gleichheit, Brüderlichkeit«, die Brüderlichkeit schon bald wieder in der Versenkung. Sie passte kaum zur industriellen Revolution und der sprunghaften Herausbildung marktwirtschaftlicher Klassengegensätze zwischen bitterster Armut und schwindelerregendem Reichtum.

Andererseits darf und kann niemand den Menschen vorschreiben, wie sie zu leben haben, vor allem nicht dann, wenn in der anvisierten Gesellschaftsform »alle Gewalt vom Volke« ausgehen soll wie bei uns oder »die Arbeiterklasse in allem die Führung innehaben« soll wie damals in den vorgeblich »sozialistischen«, in Wahrheit aber staatskapitalistischen Ländern des Ostblocks. Auch von daher ist die abgedroschene Forderung der Herrschenden an ihre Kritiker, doch bitte schön »machbare Alternativen« vorzulegen, nicht nur unredlich, sondern auch logisch reiner Humbug. Niemand kann sich anmaßen, einen Masterplan für ein ganzes Volk zu entwickeln. Und wenn ein Volk – aus welchen Gründen auch immer – weder Zeit noch Lust, noch Mut und Elan hat, für eine Veränderung der Gesellschaft in Richtung Menschenwürde – und eben »Freiheit, Gleichheit, Brüderlichkeit« – zu kämpfen, hilft sowieso nur geduldige Überzeugungsarbeit, die wiederum angesichts der geschilderten Machtverhältnisse im Mediensektor gar nicht so einfach ist. Was zum Beispiel soll man sagen, wenn (zu) viele Bürger genau die Parteien, denen sie auch ihren persönlichen Schlamassel zu verdanken haben und deren Politik sie vehement ablehnen, erneut wählen? Was soll man dazu sagen, dass die bewundernswerte friedliche Revolution, die für einige wenige Tage mit dem »Runden Tisch« zumindest einen Hauch von »Basisdemokratie« hervorbrachte, in einem Anschluss an eine Bundesrepublik endete, die offenbar eine Unmenge von DDR-Bürgern nur aus dem Werbefernsehen kannten und die stattdessen ein Land erwarteten, in dem im biblischen Sinne *Milch und Honig fließen*.[196] Sie hielten die Arbeitslosigkeit für SED-Propaganda, bis sie dann selbst »abgewickelt« waren. Sie staunten über die Verlogenheit westlicher Versicherungsdrücker und gerieten schnell in die Raten- oder Kreditfalle – vorzugsweise bei Versandhäusern. Hinzu kam, dass der Westen seinen lästigen Konkurrenten im »Wettstreit der Systeme« losgeworden war. Schon 1992 rief der US-neokonservative Vordenker Francis Fukuyama das *Ende der Geschichte*[197] in Gestalt des Endsiegs der freien Marktwirtschaft aus. Für die meisten deutschen Spitzenpolitiker und ihre Sponsoren bestand nicht mehr das geringste Motiv, sich als »sozial« zu verkaufen. Hauptsächlich wegen der ostdeutschen Konkurrenz präsentierte sich auch die Bundesrepublik bis Anfang der 1970er Jahre als Sozialstaat, was Geistesheroen wie Guido Westerwelle heute als »DDR ohne Mauer« darstellen. Aber Westerwelle hat ja recht: Kaum war die Mauer weg und das gesamte UdSSR-Imperium implodiert, gab es für die wirklichen Asozialen kein Halten mehr. Der Sozialstaat wurde in einem Tempo abgebaut, als müsse man sich für Olympia qualifizieren.

2. Vaterlandslose Patrioten

Nicht erst seit der Ära der Globalisierung muss man die humanistische Vision global denken; sonst nämlich gleicht auch der scheinbar menschenwürdigste Sozialstaat der antiken Demokratie, die auf der Unterdrückung der Sklaven beruhte. Dies ist nicht nur eine Frage der Angst vor den unterdrückten Völkern oder des unerreichbaren »Gutmenschentums«. Vielmehr liegt es im ureigensten Interesse jedes Einzelnen, kein Unrecht verdrängen oder vertuschen zu müssen: Schließlich betrachten die meisten von uns das Leben in einer Gesellschaft, in der es allen »gutgeht«, durchaus auch als persönliche Lebensqualität. Eingangs erwähnten wir bereits, dass Leitkultur-Erfinder Bassam Tibi eine *europäische Leitkultur* anmahnte, also nicht etwa eine deutschnationale oder christliche. Bedauerlicherweise schreibt er die global zu begrüßenden Grundwerte der europäischen Postmoderne zu, was den Theologieprofessor und Historiker Gerhard Besier, der für Die Linke im sächsischen Landtag sitzt, zu der kritischen Frage führte, »wie sich der dumpfe Eurozentrismus überwinden lässt«.[198] Tatsächlich werden Prinzipien wie Trennung von Kirche und Staat, Aufklärung, Menschenrechte und Zivilgesellschaft weltweit zumindest angestrebt.

Die Polemik der Deutschnationalen schürt die Angst, Projekte wie der Ausbau der EU würden über kurz oder lang nationale, regionale oder örtliche Besonderheiten planieren oder verdrängen. Schreckensszenario: Kebab statt Leberkäs, Chopsuey statt Möhreneintopf, Couscous statt Kartoffeln und Sushi statt Rollmops. Nun sind es aber nicht die »vaterlandslosen« Weltbürger, die Cola und Hamburger in Kabul als großen Sieg der westlichen – wenn nicht sogar der deutschen – »Kultur« feiern, die uns Feiertage wie Halloween aufnötigen und die mit Einheitsarchitektur und Marketingkonzepten darauf hinarbeiten, dass man die Zentren größerer Städte in Japan weder untereinander noch von denen in Belgien oder Bahrain unterscheiden kann. Und dass der Potsdamer Platz in Berlin wie eine missglückte Kopie der City von Chicago wirkt, ist auch nicht das Werk vaterlandsloser Gesellen, sondern der *Globalisierer* unter reger Beteiligung der *Global Player*, die nicht selten in denselben Parteien vertreten sind wie die Nationalisten.

Heimat – um einmal eine sinnvolle Alternative zum *Vaterland* zu nennen – wurde schon auf unzählige Arten beschrieben. »Was die Erde braucht«, schrieb beispielsweise der französische Journalist und Umweltaktivist Yann Arthus-Bertrand, »ist eine Menschheit, die sie nicht länger als Supermarkt, sondern als Heimat betrachtet.«[199] Ähnlich global äußert sich Kurt Tucholsky: »Wer die Enge seiner Heimat ermessen will, reise. Wer die Enge seiner Zeit ermessen will, studiere Geschichte.«[200]

Heimat ist kein Ort, Heimat ist ein Gefühl
Herbert Grönemeyer, aus dem Lied *Heimat* von 1999

Übrigens werden nach einer Untersuchung von 2003 Heimatgefühle bei 89 Prozent der Deutschen nicht durch ihr Land, sondern durch die nähere Umgebung erzeugt: der Ort, an dem sie leben (31 Prozent), der Ort, an dem sie geboren sind (27), ihre Familie (25) und ihre Freunde (6 Prozent). Nur 11 Prozent der Deutschen denken beim Begriff *Heimat* zuerst an Deutschland.[201] »Heimat ist, wo ich mich wohl fühle«, fasst Autorin Ursula Hildebrand die Meinung der Deutschen zusammen.

An dieser Stelle ist ein ernüchternder Einschub unumgänglich: »Deutsche Frauen, deutsche Treue, deutscher Wein und deutscher Sang/Sollen in der Welt behalten ihren alten schönen Klang.«

Wer diese Passage nicht kennt, die ein wenig nach »Wein, Weib und Gesang« klingt, würde auf eine Schunkelklamotte aus der »Meenzer Fassenacht« tippen und an Lustgreise mit hochroten Gesichtern nach dem siebten Schoppen Riesling denken. In Wahrheit entstammt dieses Kleinod deutscher Dichtkunst der zweiten Strophe des *Liedes der Deutschen,* dessen dritte Strophe bekanntlich unsere Nationalhymne und dessen erste verboten ist.

Wir sehen also: Während die Deutschnationalen ihre völkische Vorstellung von *Heimat* und *Vaterland* aus Blut und Boden oder Rasereinheit ableiten, geht es den *Vaterlandslosen* bei der Definition von *Heimat* und *Zuhause* um Menschen, in deren Gesellschaft sie sich wohl fühlen, und damit verbunden vielleicht noch um Orte, in denen sie gerade wohnen oder früher einmal gern gelebt haben.

Wenn sich aber ein 22-jähriger Adliger – womöglich noch mit dem Namen Przybulski – als »Heimatvertriebener« ausgibt und »seine« Ländereien »zurückhaben« möchte, die seinem Großvater vor über 65 Jahren als Folge des Nazi-Krieges weggenommen wurden und die nicht einmal sein Vater jemals zu Gesicht bekam, so hat das mit »Heimatliebe« nicht das mindeste zu tun.

Wann proklamieren eigentlich in Köln die ersten Italiener für sich: Sie seien direkte Nachkommen der Ubier, die vor nicht einmal 2100 Jahren die Domstadt als *oppidum ubio-rum* gegründet hätten, und würden ihre Stadt jetzt gern wieder zurückhaben, wenigstens aber das Fußballstadion, den Dom und die Uni, wohingegen die heutigen Kölner das lebensgefährliche U-Bahn-Netz gern behalten könnten.

3. Tradition hat Tradition

Da gerade die Deutschnationalen in unübertrefflicher Penetranz auf die »Tradition« pochen, sollten ihnen einige Fakten, Fakten, Fakten auf die Sprünge helfen. Denn vom Dritten Reich einmal abgesehen war auch die Bundesrepublik beileibe nicht immer das, als was sie uns heute erscheint. Viele unserer jüngeren Mitbürger wollen einfach nicht glauben, was vor nicht allzu langer Zeit bei uns geltendes Recht war. Hier einige Beispiele aus dem Gruselkabinett Bundesrepublik:

Kuppelei

Bis 1973 konnten Mütter oder Väter nach Paragraph 180 StGB theoretisch ins Gefängnis wandern, die ihrer 30-jährigen Tochter gestatteten, mit ihrem gleichaltrigen Verlobten gemeinsam zu übernachten. So wurde der Journalist Sigi Sommer im Jahre 1962 wegen Kuppelei verurteilt, weil er Menschen ohne Trauschein sein Apartment überlassen hatte.[202] Aber auch heute lauern Gefahren. Es klingt zwar ganz gut: »Seit 1973 ist nur noch die Kuppelei mit unter 16-Jährigen als *Förderung sexueller Handlungen Minderjähriger* unter Strafe gestellt. Sorgeberechtigte machen sich nur strafbar, wenn sie dadurch gleichzeitig ihre Erziehungspflicht gröblich verletzen.« Auf Deutsch heißt das aber: Bittet eine 15-Jährige ihren Frauenarzt um die Pille für den Verkehr mit ihrer gleichaltrigen ersten großen Liebe, weil sie mit ihren verklemmten Eltern nicht darüber sprechen kann, so macht der Doktor sich strafbar – ebenso wie die Nachbarin, die angesichts volltrunkener Eltern den

Jungverliebten ihr Gästezimmer anbietet. Und wenn es dumm läuft, können beide bis zu fünf Jahre ins Gefängnis wandern.

Vergewaltigung in der Ehe

Bis zum Jahr 1997 war es deutsche Leitkultur, dass gemeingefährliche, besoffene Lustgreise praktisch straflos über ihre Ehefrauen herfallen durften. Getreu dem Motto: Erfüllung »ehelicher Pflichten« oder: »Wenn meine Frau nein sagt, meint sie in Wirklichkeit ja.« Erst dann wurde Vergewaltigung in der Ehe nach § 177 StGB strafbar. Kommentar der *Zeit:* »Ein Vierteljahrhundert hat Bonn gebraucht, um dieses eine, kleine Gesetz zu ändern. Die Ostverträge waren nichts dagegen.« Idiotisches Gegenargument laut *Zeit:* »Weil Abtreibung nach einer Vergewaltigung erlaubt sei, könnten Ehefrauen einen reformierten Paragraphen 177 missbrauchen, Abtreibungszahlen würden steigen.« Und das Hamburger Blatt deutet zumindest an, in welchen Parteien Befürworter dieser kruden Logik sitzen: »Der CDU-Fraktionsvorsitzende Wolfgang Schäuble, mittlerweile jeglicher Stagnation überdrüssig, hat den Fraktionszwang aufgehoben und damit den Ewiggestrigen in seinen Reihen die Blockademacht entzogen.«[203]

Homosexualität

Der 1871 eingeführte und sowohl von Hitler als auch von der Bundesrepublik übernommene Paragraph 175 StGB galt im Wesentlichen bis 1969 und sah vor: »Die widernatürliche Unzucht, welche zwischen Personen männlichen Geschlechts, oder von Menschen mit Tieren verübt wird, ist mit Gefängnis bis zu zwei Jahren zu bestrafen; auch kann auf Verlust der bürgerlichen Ehrenrechte erkannt werden.« Hämisch könnte man hier wieder fragen: Und was ist mit den Frauen? Lesben konnten sich die verklemmten Gesetzgeber wohl gar nicht vorstellen. Mit Einführung des Paragraphen 175 a konnte man sogar für zehn Jahre in den Bau, sprich in diesem Fall: ins KZ, wandern. Prominentes Opfer war der langjährige Hitler-Vertraute Ernst Röhm, der am 1. Juli 1934 ohne Prozess erschossen wurde. Noch heute kursiert an »konservativen« Stammtischen die NS-Nostalgie im Witzgewand: »Hier ruht Stabschef Röhm, 46 Jahre alt. Früher war er warm, heute ist er kalt.« Dieser menschenverachtende »Humor« ist kein Wunder: Bis 1969 wurde die NS-Gesetzesfassung übernommen. Erst unter dem Einfluss der SPD unter Willy Brandt wurde sie entschärft. Allerdings beschloss der Bundestag noch im Jahre 1998, dass NS-Urteile wegen Homosexualität nicht automatisch ungültig sind: Der Betroffene kann sie aber auf eigene Kosten auf dem Rechtswege überprüfen – vielleicht wird er ja so alt wie Johannes Heesters und erlebt den Urteilsspruch noch.

Immerhin: Seit 2001 können homosexuelle Paare eine »eingetragene Lebenspartnerschaft« eingehen. Kinder adoptieren dürfen sie allerdings nicht.

Emanzipation

Bis zum Inkrafttreten des Gesetzes über die Gleichberechtigung von Mann und Frau vom 1. Juli 1958 brauchten Frauen die Erlaubnis des holden Ehegatten, um den Führerschein zu machen. Erst von diesem Tag an durften Frauen außerdem ihr in die Ehe eingebrachtes Vermögen selbst verwalten. Bis dahin durften nur die Männer darüber verfügen, und wenn die Frau arbeiten ging, musste sie ihr Einkommen an den Herrn Gemahl abliefern. In Bayern mussten Lehrerinnen sogar obligatorisch ihren Beruf aufgeben, wenn sie heirateten. Und ebenfalls erst ab dem Jahr 1958 hatte der Mann nicht mehr das letzte Wort in allen Eheangelegenheiten, und die Zugewinngemeinschaft wurde zum gesetzlichen Güterstand. Mit dem neuen Gesetz wurden auch zum ersten Mal die väterlichen Vorrechte bei der Kindererziehung eingeschränkt und erst 1979 vollständig abgeschafft. Erst seit 1977 gibt es keine gesetzlich vorgeschriebene Aufgabenteilung mehr in der Ehe, und die Frau konnte auch ohne Erlaubnis des Mannes arbeiten gehen oder größere Anschaffungen wie Waschmaschine oder Wohnzimmerschrank tätigen.

Ob symbolische Politik oder wirkliches Symbol für Gleichberechtigung: Das 1981 vom Radiomoderator Christoph Busch[204] erfundene Binnen-I (»FreundInnen«) wurde 1989 von der taz eingeführt, allerdings nicht als Pflicht. taz-Mitbegründerin Ute Scheub zieht ein durchwachsenes Fazit. Ihre Skepsis erscheint logisch: »Das große I wirkt sperrig. Vor allem, wenn so grauenhafte Begriffe wie ›LeserInnenbriefe‹ oder ›LehrerInnengehalt‹ benutzt werden.« Hinzu komme: »Das große I markiert einen Text mit der Warninschrift: Vorsicht! Von Feministin geschrieben! Schnell überblättern!«[205] Aber es läuft natürlich auch umgekehrt: Einen geschäftstüchtigen Macho und Manager kostet es keinen Cent, durch das große I den Frauenversteher vorzutäuschen.[206]

Komisch wird es allerdings bei der Verbalemanzipation per Brechstange: Zu einem Kellner sagt man höflich »Herr Ober«. Aber nennt man/frau dann die Kellnerin »Frau

Oberin«? Nennt man eine Kaminreinigerin Frau Schorn-steinfegerInmeisterIn? Sogar der unvergleichliche Günter Grass hat sich mit seinem epochalen Werk *Die Rättin* auf ewig um die Frauenbewegung verdient gemacht.

Spätestens hier entlarvt sich all das ganze linguistische Gleichberechtigungsgehabe als peinliches Theater: »Frau-en verdienen fast ein Viertel weniger als Männer«, meldet die *Tagesschau* im Januar 2008. Aber diesmal – man ist ja inzwischen schon froh, dass dort nicht nur korrupte oder als abgehalftert »weggelobte« Politiker sitzen – schlagen sogar die ehrlichen Europäer Alarm: Frauen werden in Deutschland nach Angaben der EU-Kommission deutlich schlechter bezahlt als Männer. »In Deutschland liegt der durchschnittliche Stundenlohn von Frauen um rund 22 Prozent unter dem der Männer. Damit gehört Deutsch-land zu den Staaten mit der größten Ungleichheit bei der Bezahlung von Männern und Frauen«, stellte EU-Sozial-kommissar Vladimir Spidla fest. Nur in Estland, Zypern und der Slowakei seien die Unterschiede noch größer oder ebenso groß. Im EU-Durchschnitt verdienten Frauen 15 Prozent weniger als Männer.[207]

4. Korruption
als deutscher Grundwert?

Einerseits gehen die Bundesbürger von der Käuflichkeit unserer Politiker aus. So halten nach einer *n-tv*-Umfrage vom 21. Januar 2010 92 Prozent der Bürger unsere schwarz-gelbe Bundesregierung für käuflich.[208] Andererseits wurde noch nie ein deutscher Spitzenpolitiker wegen Korruption verurteilt.

Selbst dann nicht, als der Ehlerding-Skandal bekannt wurde: Karl und Ingrid Ehlerding gaben der CDU im Jahr 1998 mit 5,9 Millionen Mark die bislang höchste Einzelspende in der bundesdeutschen Geschichte. Unmittelbar davor hatte der damalige Bundeskanzler Helmut Kohl dem finanzbewussten Pärchen mehrere zehntausend Eisenbahnerwohnungen – trotz bedeutend höherer Offerten unter anderem aus Japan – verkauft.[209]

Anfang 2010 kam ans Tageslicht, dass die FDP im Jahre 2009 mit 1,1 Millionen Euro eine der größten Parteispenden ihrer Geschichte eingestrichen hatte – nämlich von der Substantia AG aus Düsseldorf –, und zwar, wie es sich für integre Demokraten gehört, aufgeteilt in drei Teilspenden. Rein zufällig allerdings gehört Substantia einem der reichsten Deutschen, August Baron von Finck. Dessen Familienclan ist Miteigentümer der Mövenpick-Gruppe, die in Deutschland 14 Hotels betreibt. Rein zufällig hatte die FDP gemeinsam mit der CSU unmittelbar nach der Bundestagswahl von 2009 auf eine Senkung des Mehrwertsteuersatzes auf Hotel-Übernachtungen von 19 auf sieben Prozent gedrungen. Der mehr als anrüchige und von der

Opposition als *Klientelpolitik* kritisierte Steuernachlass fand sich logischerweise – Geld stinkt nicht – im Wachstumsbeschleunigungsgesetz wieder, das seit dem 1. Januar 2010 gilt.[210] Auch die CDU nämlich hatte vor der Wahl eine sechsstellige Summe aus der Hotelbranche kassiert.[211]

Kurz darauf wurde öffentlich, dass Jürgen Rüttgers für Privataudienzen noch mehr Geld nimmt als der Papst, nämlich 6000 Euro.[212] Stephan Hebel gibt in der *Frankfurter Rundschau* unter der treffenden Überschrift »Der Skandal der Normalität« den passenden Kommentar: »Das hat Rüttgers wirklich schön gesagt: Wer ihm Käuflichkeit unterstelle, … der mache ›billigen Wahlkampf‹. Sehen Sie, das ist der Unterschied: Billigen Wahlkampf, so etwas gibt es vielleicht bei der Konkurrenz, aber nicht bei der nordrhein-westfälischen CDU. Nur teuren. Und deshalb braucht sie Geld. Auch von Sponsoren. Und wenn die Parteizentrale die Gesprächstermine des Chefs verscherbelt, dann kann der ja nichts dafür. Hauptsache, nichts gewusst. Für so etwas hat man einen Generalsekretär, der notfalls das Bauernopfer geben und zurücktreten kann.«[213]

Deutsche Politik und Korruption – das ist ohnehin ein Kapitel für sich. Zwar musste Deutschland im Jahre 2004 unter internationalem Druck die UN-Konvention gegen Korruption unterzeichnen, die eine umfassende Strafbarkeit von Korruption fordert. Allerdings wurde die Konvention bis jetzt noch nicht umgesetzt. Als Ausrede sei stellvertretend das Schwarzwälder CDU-MdB Siegfried Kauder zitiert: Er kenne »keinen einzigen Beispielfall eines bestechlichen Bundestagsabgeordneten. Deswegen gibt es hier keinen vordringlichen Handlungsbedarf.«[214]

Deshalb werden in Einzelfällen – natürlich vom politischen Gegner und bevorzugt vor Wahlen – Korruptionsvorwürfe

mit einer Melodramatik vorgetragen, als hätten die »An-
kläger« eine Schauspielschule besucht. In Wahrheit aber
geschieht nichts – was sollte auch geschehen, wo das Ganze doch völlig legal ist. Und würde morgen der Fiat-Kon-
zern sämtliche schwarz-gelben MdBs mit Ferraris ausstat-
ten und würde im Gegenzug die Kfz-Steuer für italienische
Luxusschlitten abgeschafft, so wäre dies zwar anrüchig,
aber nicht strafbar.

Nun lernen bekanntlich die Kleinen von den Großen und
das Volk von seinen Anführern, wenn auch nicht immer
das Richtige. Eine logische Überlegung sagt: Korruption ist
dann möglich und zwangsläufig, wenn jemand über etwas
verfügen kann, was ihm nicht gehört.

Wer hindert zum Beispiel den Filialleiter einer Gebraucht-
wagenkette, einem Freund ein Auto statt für 5000 für
3500 Euro zu verkaufen und sich die 1500 Euro mit ihm zu
teilen? Und es geht ja weiter: Für eine Flasche Prosecco
erhält man einen wichtigen Arzttermin eine Woche früher,
und oft nur für ein besonders freundliches Lächeln oder
einige liebenswürdige Worte bekommt man im Supermarkt an der Fleischtheke das bessere Filetstück.

Do ut des (»Ich gebe, damit du gibst«) – dies Prinzip kannten schon die alten Römer; und für den Verfassungsrecht-
ler und Korruptionsforscher Hans Herbert von Arnim ist
Korruption gar »die Seele des Systems«, wie er sogar ein
ganzes Kapitel in einem seiner Bücher überschreibt.[215]

Andererseits sollte man auch nicht in Verfolgungswahn
verfallen und überall Korruption wittern, gerade dadurch
nämlich verharmlost man echte Korruption. Wenn eine
Supermarktkassiererin ihrer Kegelfreundin die Tiefkühl-
torte für 10,25 Euro ohne die Eins am Anfang und den
Magermilchjoghurt gar nicht bongt, ist das etwas anderes,

als wenn ein TÜV-Mitarbeiter gegen Cash einem schrottreifen Auto eine neue Plakette genehmigt, ein Arzt an Tablettensüchtige Valium-Rezepte verkauft oder sich gar – wie in den 1980er Jahren der damalige Chef des CDU-Kreises Berlin-Charlottenburg, Wolfgang Antes – als Baustadtrat auf illegale Weise zum Selfmade-Millionär macht. *Zeit*-Autor Bartholomäus Grill bringt es auf den Punkt: »Inzwischen hat sich herumgesprochen, dass die Korruption zu den größten Entwicklungshemmnissen zählt. Sie vertieft die Kluft zwischen Armen und Reichen, weil raffgierige Eliten die öffentlichen Haushalte ausrauben. Sie verzerrt den Wettbewerb, weil Unternehmen immer größere Summen abzweigen müssen, um Aufträge zu erhalten. Sie unterhöhlt die Demokratie, das Vertrauen in den Staat, die Legitimität von Regierungen, die allgemeine Moral. Und: Die Korruption kann Staaten zerrütten.«[216]

Teil VI
Deutsche Eigenarten

Nun sagt man den Deutschen ein beträchtliches Humordefizit nach, aber bei einigen Dingen verstehen gewisse Mitbürger noch weniger Spaß als ohnehin schon.

1. Mein Auto und ich

Dass das Auto »der Deutschen liebstes Kind« sei, wie *Capital,* das Zentralorgan halbgebildeter Yuppies oder Möchtegernmillionäre, meint[217], stimmt nur noch bedingt. Zwar waren laut Kraftfahrtbundesamt Anfang 2010 in Deutschland rund 50,2 Millionen Kraftfahrzeuge und 5,9 Millionen Kfz-Anhänger zugelassen, und auch der Pkw-Bestand stieg um ein Prozent auf 41,7 Millionen. Berücksichtigt man allerdings, dass rund 62 Millionen Bundesbürger wahlberechtigt, also über 18 Jahre alt sind und einen Führerschein haben könnten, dass aber ein Großteil davon aus Gründen des Alters sowie körperlicher oder seelischer Probleme gar nicht Auto fahren *kann*, so kann man getrost davon ausgehen, dass im Durchschnitt jeder fahrtüchtige Deutsche mindestens ein Auto hat.[218]

»Autos sind und bleiben Phallussymbole«, meint der Komiker und Arzt Eckart von Hirschhausen. Allerdings hat sich – nicht zuletzt durch den seit Jahren ständig wachsenden Anteil der »Frauen am Steuer« – allein optisch einiges verändert. Zwar gibt es jene Zeitgenossen noch immer, die ihr Auto als Symbol – oder Ersatz? – für ihr Geschlechtsorgan behandeln. Gemeint sind hier nicht die Hauptschulabbrecher, die mit »geborgten«, dann umgespritzten und tiefergelegten Angeberkarren den »gefühlten Friseusen« imponieren wollen. Gemeint ist auch nicht der *Pisa*-geschädigte Abschaum, der wahllos Leute umbringt, weil ihnen ihr Fahrstil nicht passt: »Aus Wut über eine angebliche Drängelei im Straßenverkehr«, meldet *dpa* am 26. August 2006, »hat ein 21-Jähriger nahe Wesselburen (Kreis Dithmarschen) einen anderen Autofahrer erschossen. Der

Mann gab zu, den 41-jährigen Erntehelfer in der Nacht zu Mittwoch mit vier Kugeln in Kopf und Schulter getötet zu haben.«[219] Diese Berufsirren gibt es vermutlich in jedem Land der Welt.

Und dennoch: Es gibt die anderen – auch wenn es immer weniger werden –, die am Wochenende auf der Straße oder an der Tankstelle bis zu vier oder fünf Stunden lang ihr Auto so sorgfältig und liebevoll putzen, dass man kein Psychiater sein muss, um das Ritual als merkwürdig zu empfinden. Wohlgemerkt: Es geht dabei nicht um die sprichwörtliche »deutsche Reinlichkeit«. Natürlich fährt man von Zeit zu Zeit durch die Waschanlage oder legt per Gartenschlauch selbst Hand an. Und natürlich benutzt man auch den Handstaubsauger für die Säuberung des Innenraums. Aber die oben Genannten hauchen sogar gegen das Nummernschild, damit es wirklich »blitzblank« wird. Sicherlich gibt es diese Liebe zum Auto auch in anderen Ländern und natürlich auch verhaltensgestörte Machos. Aber wer sich zum Beispiel in Spanien oder Italien die Kraftwagen anschaut, wird kaum ein einziges Gefährt ohne zumindest eine kleine Beule finden: »So etwas passiert eben.« Entdeckt dagegen ein Mitglied der genannten deutschen Minderheit mit Hilfe eines Elektronenmikroskops auch nur den Hauch eines Kratzers, so steigt der Puls im Nu auf 320, und Worte wie »So was gehört aufgehängt« gegenüber dem unbekannten »Verbrecher« entringen sich seinen Lippen.

Dass aber auch die ausgefeilteste Reklame an ihre Grenzen stößt, wurde in der großen Automobilkrise deutlich: Angeberschlitten kamen aus der Mode, umweltfreundliche Kleinwagen, wenn nicht sogar Fahrräder und öffentliche Verkehrsmittel, waren angesagt. Und auch die Abwrackprämie führte offenbar lediglich dazu, dass ohnehin notwendige und geplante Neukäufe vorgezogen wurden. Zwar wurden 2009 bundesweit 23 Prozent mehr Pkws zugelassen als ein Jahre davor; dafür aber erreichte die Zahl der Neuzulassungen schon Anfang 2010 mit knapp 181 500 den schwächsten Januarwert seit zwanzig Jahren.[220]

Dennoch ist ein endgültiges Ende des deutschen Autowahns nicht absehbar, und gemeint ist gerade nicht die vernünftige Nutzung eines praktischen Verkehrsmittels, das auf dem Land oder in städtischen Randbezirken sogar alternativlos ist. Die Rede ist vom erwähnten fast erotischen Verhältnis zum Auto an sich, das man nur noch mit dem überwiegend von gewissen Frauen betriebenen Interesse für das Schicksal und den Alltag von Adelsfamilien und anderer Promis vergleichen kann.

Rechnet man die Auflagen aller Autozeitschriften in Deutschland zusammen, kommt man auf gut 20 Millionen Exemplare monatlich. So weit, so gut: Heimwerker, Hobbygärtner oder Amateurköche besorgen sich ja auch Fachliteratur. Gewisse Autofreaks aber bestaunen vor allem jene Edelkarossen, die sie sich in diesem Leben nur beim Gewinn des Lotto-Jackpots leisten könnten; einige können sogar die technischen Details dieser für sie unerreichbaren Gefährte auswendig herunterbeten.

Kritisch wird's allerdings, wenn Tagträume mit der Wirklichkeit verschwimmen und vorwiegend jüngere Autofahrer bei illegalen Rennen Formel 1 spielen wollen.

In diesem Zusammenhang sei das Phänomen erwähnt, dass man in Deutschland als einem der wenigen Länder der Erde auf Autobahnen rasen darf, bis der Motor qualmt oder es Tote gibt – siehe die Mercedes-Testfahrer. Ebenfalls kein generelles Tempolimit gibt es in Afghanistan, Bhutan,

Haiti, Libanon, Myanmar, Nepal, Nordkorea und Somalia. Im Land der Freiheit, den USA, dagegen darf man je nach Bundesstaat auf den Interstate Highways maximal zwischen 89 und 129 km/h fahren.

Wie die Deutschen mehrheitlich zum Tempolimit stehen, lässt sich nicht zuverlässig sagen und wirft ein Schlaglicht auf die Qualität von Umfragen. So ermittelte *Forsa* für den *Stern* im Februar 2007 eine Mehrheit von 60 Prozent für ein Limit.[221] Nicht einmal neun Monate später war ebenfalls *Forsa* tätig, diesmal allerdings für *n-tv,* und siehe da, nur noch 46 Prozent waren dafür.[222]

Das rot-grün regierte Bremen jedenfalls tanzt als einziges Bundesland aus der Reihe und führte im April 2008 für seine etwa 60 Kilometer Autobahn ein generelles Tempolimit von 120 km/h ein.[223] Dass es darauf in der Hansestadt zu Massenselbstmorden oder Volksaufständen gekommen wäre, ist nicht bekannt.

2. Fitness:
vom Volkssport zur Massenpsychose?

»Mens sana in corpore sano«, predigte schon der römische Satiriker Juvenal im ersten Jahrhundert nach Christi Geburt. »Ein gesunder Geist in einem gesunden Körper«. Nun meinte der Lateiner damit nicht, dass jede Dumpfbacke durch Bodybuilding zur Intelligenzbestie werde – nach herrschender Meinung scheint ja eher das Gegenteil der Fall zu sein.

Den Grundstein zur heutigen Fitnessbewegung legte in Deutschland Friedrich Ludwig »Turnvater« Jahn, als er im Jahre 1811 im Berliner Park *Hasenheide* den ersten Turnplatz eröffnete. Ihm allerdings ging es noch nicht um Gesundheit an Leib und Seele schlechthin, sondern um eine gute Kondition der preußischen Soldaten im Kampf gegen Napoleon. Von ihm stammt auch der Appell »Frisch, fromm, fröhlich, frei«. Weil er aber Sport zu sehr mit Nationalismus vermengte, wurde 1819 nicht nur ihm persönlich der Sport in der Hasenheide, sondern das außerschulische Turnen gleich in ganz Preußen verboten. Erst seit 1842 wurde Sport offizielles Pflichtfach an den Schulen.

Zum Sport unter dem Nationalsozialismus an dieser Stelle nur ein paar – eigentlich zu kurze – Worte: In kaum einem Bereich der Gesellschaft hatten die Nazis derart leichtes Spiel. Noch ganz im Rausch von Olympia 1936 in Berlin, erwiesen sich die Sportfunktionäre zum großen Teil als loyale Erfüllungsgehilfen. So waren bis 1938 alle Vereine und Sporthallen von Juden »gesäubert«.[224] Der Breitensport diente natürlich – entfernt ähnlich wie bei Jahn – vor allem der Wehrtauglichkeit im Hinblick auf die bevorstehenden Kriege.

Vor diesem Hintergrund ist es kein Wunder, dass sich nach 1945 die Begeisterung der Normalbürger für körperliche Betätigung in Grenzen hielt.

Das änderte sich schlagartig, als den Krankenkassen ebenso wie den Unternehmern zunehmende Probleme der Deutschen mit Gewicht und Kreislauf auffielen und der Deutsche Sportbund daraufhin im März 1970 die Aktion *Trimm dich – durch Sport* ausrief. Und schon entstanden überall im Lande *Trimm-dich-Pfade*: etwa drei bis vier Kilometer lange Rundkurse, auf denen ungefähr alle 200 Meter Übungsgeräte wie Baumstümpfe für Bocksprünge oder Stangen für Klimmzüge angebracht waren, häufig ergänzt durch Tafeln, die die Übungen erklärten. Eine wahre Euphorie brach mit den Olympischen Spielen 1972 in München aus. Millionen Deutsche machten mit, und in den 1980er Jahren gab es gut 1500 solcher Pfade. Viele von ihnen vergammeln allerdings inzwischen, weil viele Gemeinden kein Geld mehr für die Instandhaltung hatten und die Modeerscheinung *Trimm dich* durch *Joggen* und *Aerobic* ersetzt wurde, bis die Fitnessstudios massenweise aufkamen.

Ihr Vorteil ist auch und vor allem, dass sie Geld kosten, mehr jedenfalls als eine Joggingmontur oder ein Aerobic-Video von Jane Fonda – und je teurer etwas ist, desto mehr wissen viele Deutsche es zu schätzen und desto intensiver nutzen sie es.

Zweifellos kann sich der »gute alte Sport« immer weniger dem Einfluss anderer Branchen entziehen: Bevor man überhaupt einen Muskel bewegt, müssen zunächst die passenden Klamotten her. Sogar Senioren, denen man ansieht, dass sie ohne fremde Hilfe kaum zum Bäcker kommen, laufen in den schicksten Trainingsanzügen durch die Straßen, von aufgebrezelten Tennis-Anfängerinnen ganz zu schweigen. Sichtbarstes Symptom dieser Entwicklung ist der massive Einstieg ehemals reiner Sportartikelhersteller in die Modebranche. Der Turnschuh – oder was so aussieht – hat längst alle anderen Fußbekleidungen verdrängt.

Gerade am Beispiel der Leibestüchtigkeit lässt sich nachvollziehen, warum die Deutschen bei vielen anderen Völkern als verkrampft und übermäßig penibel und ehrgeizig gelten. Die eifrigsten Germanen stellen sich nach zehn Minuten Heimfahrrad auf die Waage und absolvieren keinen Waldlauf ohne Blutdruckmesser – kerngesunde Mitbürger, wohlgemerkt.

Andererseits ist – »je oller, je doller« – sogar im Seniorensport Doping seit Jahren an der Tagesordnung. So wurde bei der Leichtathletik-Europameisterschaft der Senioren die 65-jährige Goldmedaillengewinnerin im Werferfünfkampf im Nachhinein disqualifiziert – die sechste Spitzenathletin innerhalb von drei Jahren.[225]

Wieder andere versuchen, die Natur zu überlisten und Fitness ohne körperliche Anstrengung zu erreichen, indem sie alles aufkaufen, was Apotheken und Supermärkte an rezeptfreien Garanten für ewige Jugend und Gesundheit so anbieten.

Man kann all dies belächeln, bissig kommentieren oder einfach als *Zeitgeist* abtun. Was ungleich schwerer wiegt, das sind die massiven Einschränkungen der Möglichkeiten zum Breitensport, vor allem an den Schulen.

Allein in Nordrhein-Westfalen fielen im Jahr 2009 nach

Berechnungen der SPD-Opposition eine halbe Million Sportstunden aus.[226] Rechnet man dies hoch, kommt man auf bundesweit über zwei Millionen Stunden.

Nicht viel besser sieht es beim Zustand der Sporthallen aus: »Marode Hallen vermiesen Freude am Sport«, heißt es am 11. November 2009 in der *Augsburger Allgemeinen,* »Sanierungsstau an Wiesbadener Schulen – auch eine Last der Vergangenheit« am 10. Dezember 2009 im *Wiesbadener Kurier.*

Die Folgen sind fatal: So schlug die Deutsche Lebensrettungsgesellschaft (DLRG) im Sommer 2009 Alarm: Bestenfalls ein Drittel der Schüler könne nach der vierten Klasse wirklich schwimmen. Weil laut DLRG Städte und Gemeinden kein Geld für genügend Schwimmhallen haben oder viele Schulen und Kindergärten die Bahnmiete von bis zu 80 Euro pro Stunde nicht zahlen können, erhalten immer mehr Kinder während ihrer gesamten Schulzeit nicht eine einzige Schwimmstunde.[227]

Ein zusätzliches Manko ist nach einer umfangreichen Studie des damaligen Deutschen Sportbundes, dass beim Sportunterricht die Interessen der Schüler nur wenig und selten berücksichtigt werden. »Schüler fordern Skaten statt Turnen«, fasst *Spiegel Online* zusammen.[228] »Und weil Trendsportarten fehlen, wird der Schulsport zum Museum für Klassiker wie Turnen oder Leichtathletik.« Nun kann man Kindern und Jugendlichen natürlich nicht unbegrenzt die Entscheidung darüber überlassen, was sie gern lernen möchten und was nicht. Andererseits tun manche so, als ginge es um die Alternative Mathe oder Flatrate-Saufen. Immerhin dürfen ja 13-jährige Gymnasiasten auch darüber entscheiden, ob sie lieber Altgriechisch, Französisch oder Physik vertiefen wollen.

Ergebnis: Es scheint also, dass es – allem Fitness-Wirbel zum Trotz – nicht nur beim Dichten und Denken, sondern auch beim Laufen und Springen an einigen Ecken und Enden hapert.

3. Alles Bio oder was?

Biokost darf man natürlich nicht alles nennen, sondern – nach einer EU-Verordnung von 2007 – nur Lebensmittel, die aus ökologisch kontrolliertem Anbau stammen, nicht gentechnisch verändert und ohne die Verwendung von Pestiziden, Kunstdüngern und Abwasserschlamm angebaut wurden. Das Fleisch muss von Tieren stammen, die nicht mit Antibiotika und Wachstumshormonen behandelt wurden. Die Produkte sind nicht bestrahlt und enthalten weniger Zusatzstoffe als gewöhnliche Lebensmittel.[229]

Wenn Deutsche etwas anpacken, dann gründlich und mit der Tendenz zur Übertreibung. Dass gesunde Ernährung sinnvoll und lebensnotwendig ist, wussten, wenn auch auf anderem Niveau, schon unsere Urahnen. Die Weiterentwicklung dieser Erkenntnis ist das, was heute als Biowelle über uns hinwegschwappt. So sollen im Jahre 2009 nach einer GfK-Analyse 94 Prozent der deutschen Haushalte Bioprodukte für durchschnittlich 84 Euro monatlich eingekauft haben.[230] Nach einer anderen GfK-Untersuchung haben im ersten Halbjahr 2009 insgesamt 85 Prozent aller Haushalte mindestens ein Bio-Produkt gekauft.[231] Sollten beide Studien der Wahrheit entsprechen, müssten im zweiten Halbjahr tatsächlich 103 Prozent der Haushalte Bioprodukte gekauft haben …

Womit wir bei einem Hauptproblem der Biobranche wären: der Glaubwürdigkeit. Wie soll sich auch der normale Nichtchemiker ein rationales Urteil bilden können, wenn sich selbst die Anbieter gegenseitig beschuldigen, gar keine echten Bioprodukte anzubieten? Und es muss nicht einmal um juristisch relevantes »Schummeln« gehen: Häufig prallen wissenschaftliche Lehrmeinungen aufeinander. Ab welcher Größenordnung zum Beispiel sind Pestizid-Rückstände gesundheitsschädlich?

Nun ist das ehrliche Bemühen vor allem mancher Eltern, die Familie gesund zu ernähren, eine Sache. Eine ganz andere ist der ans Esoterische grenzende Bio-Kult. Hilft der regelmäßige Konsum von Joghurtkulturen wirklich bei der Entschlackung des Darms; und lebt ein Müsli-Liebhaber wirklich länger als ein Kümmelbrötchen-Fan? Das Dilemma ist nur: Selbst wenn die Öko-Freaks einem Irrglauben aufsitzen, wie etwa Wirtschaftsjournalist Michael Miersch zwischen den Zeilen andeutet[232], so ist das noch lange kein Grund, wieder »normale« Kost zu kaufen: Gammelfleisch, Apfelsaft ohne auch nur eine Spur von Apfel oder Bratwurst, bei der man die Bestandteile gar nicht wissen will.

Hinzu kommt: Was für Normalverdiener mit Kindern auch eine Geldfrage ist, das ist für die angeblich biobewussten Schickimickis lediglich »modernes Lebensgefühl«. Darüber hinaus zeigt der Einstieg der Großindustrie in die Biomode, dass sich die Marktwirtschaft tatsächlich weiterentwickelt. Noch in den 1970er Jahren waren die *Alternativen* alternativ, und die Jugendkultur einschließlich ihrer Musik von *Einstürzende Neubauten* bis *Ten Years After* war den »Erwachsenen«, vor allem in der kommerziellen Nutzung, weitgehend verschlossen. Heute gibt es kaum einen neuen Trend, der nicht in null Komma nix von der Wirtschaft okkupiert und in bare Münze verwandelt wird.

Wie das in der Biobranche funktioniert, beschreibt Ulli Kulke in *Welt Online* schon im Jahre 2007 recht anschaulich. Anlass: Der »größte Öko-Supermarkt Europas« namens LPG – eine irrsinnig witzige Anspielung auf das Kürzel der *Landwirtschaftlichen Produktionsgenossenschaften* in der DDR – wurde in Berlins damaligem Szene-Viertel Prenzlauer Berg eröffnet: »Auch oder gerade weil es sich eben doch etwas teurer gestaltet, im Biosupermarkt einzukaufen, spielt nicht zuletzt das Prestige eine Rolle. Die Gäste am Abend werden den Hinweis, sie bekämen Biospargel vorgesetzt, in ihren Tischbemerkungen goutieren – und vielleicht auch ahnen, dass dafür 15,50 Euro pro Kilo an der LPG-Kasse berappt wurden. Oder 12,40 Euro für LPG-Mitglieder, die gegen eine einmalige Einlage und einen Monatsbeitrag beim Einkauf rund 20 Prozent sparen. Etwas höhere Preise hin, Zweifel am gesundheitlichen Vorsprung her – jede Investition in der Biobranche scheint sich heute von allein zu rechnen.«[233]

Eine Prognose der Unternehmensberatung Ernst & Young hält sogar für das Jahr 2020 einen Marktanteil der Biokost von 30 Prozent für möglich, denn: »Kein Handelsunternehmen kann es sich mehr leisten, auf Bio zu verzichten.« Und vor allem: »Das ist auch kein Thema allein für die höheren Einkommensschichten.«[234]

Das Paradebeispiel für die Verlogenheit der Biohysterie ist der *Biosprit.* »Biosprit verursacht Hunger«, lautet ein *n-tv*-Aufmacher vom 10. März 2008. Der UN-Sonderbericht-erstatter für das Recht auf Nahrung, Jean Ziegler, forderte ein fünfjähriges Verbot der Herstellung von Biotreibstoff aus Nahrungsmitteln. Die reichen Industrienationen sollten dafür sorgen, dass nur Pflanzen oder Abfälle umgewandelt würden, die als Nahrungsmittel ungeeignet seien. Die bisherige Produktion habe die Nahrungsmittel massiv verteuert. Wiederholt hatte Ziegler sich den Mund fusslig geredet, sich die Finger wund geschrieben und den »unkontrollierten Schwenk zur Nutzung von umgewandelten

Mais, Gerste, Zucker oder Pflanzenöl als Alternative zu den bisherigen fossilen Energieträgern« kritisiert. »Die Auswirkungen, die Biotreibstoff auf den Hunger hat, sind Grund zu großer Besorgnis, was das (Menschen-)Recht auf Nahrung betrifft«, schrieb Ziegler im Bericht für den UN-Menschenrechtsrat. Zur Erinnerung: Am 2. September 2005 titelte die Berliner Zeitung: »Jede Tankstelle soll eine grüne Zapfsäule bekommen. Grüne fordern gesetzliche Pflicht für Betreiber, um Bio-Kraftstoffen wie Ethanol zum Durchbruch zu verhelfen.« Die Zapfsäulen sollten etwa Biodiesel, Biogas oder Bioethanol anbieten. Verbraucher müssten ein flächendeckendes Angebot vorfinden, um so einen Anreiz zum Kauf eines Wagens mit alternativen Antrieben zu haben.

Andere, die dabei ertappt wurden, gesetzlich etwas durchsetzen zu wollen, was nach UN-Überzeugung für den Hunger gerade in den ärmsten Ländern der Erde verantwortlich ist, hätten wohl um politisches Asyl in einem Land nachgesucht, das keinen Auslieferungsantrag mit der Bundesrepublik Deutschland hat.

Wie dem auch sei: Wenn es überhaupt möglich ist, ein Thema zu *vergiften,* dann haben auch gewisse Politiker kräftig dazu beigetragen. Und wenn viele Menschen gegenüber allem, was nach *Öko* oder *Bio* klingt, skeptisch die Stirn runzeln, dann nicht etwa, weil sie notorische Spießer oder Gesundheitsignoranten sind. So teilte der bestimmt nicht wirtschaftsfeindliche *Focus* am 20. März 2009 unter der Überschrift »Antipreis für Actimel« seinen Lesern im nüchternen Stil einer Nachrichtenagentur mit: »Danone ist für die dreisteste Werbelüge des Jahres ausgezeichnet worden. Die Verbraucherorganisation Foodwatch sprach im Zusammenhang mit Trinkjoghurt von Etikettenschwindel.«[235] Der Konzern hatte behauptet, sein Produkt schütze vor Erkältungen. Dies sei falsch, erklärte die Leiterin der *Foodwatch*-Kampagne »abgespeist.de«, Anne Markwardt. Der *Danone*-Joghurt stärke das Immunsystem nur ähnlich gut wie ein herkömmlicher Naturjoghurt, sei aber viermal so teuer und doppelt so zuckerhaltig.

Das Alarmierende: Wird die »dreiste Verbrauchertäuschung« auch in der Biobranche zur Gewohnheit, dann werden die Bürger nicht mehr zwischen Wahrheit und Lüge unterscheiden können und niemandem mehr glauben. Die Leidtragenden wären – außer den Kunden selbst – die vielen ehrlichen Anbieter gesunder Lebensmittel, zumal ja genügend »Studien« behaupten, Biokost habe auch keinen höheren Nährstoffgehalt als gewöhnliches Essen.[236]

Da fühlen sich die Nachkommen der Dichter und Denker doch ein wenig an den Seufzer erinnert, den im Jahre 1774 der damals 25-jährige Goethe seinem Titelhelden *Faust* in den Mund schrieb: *Da steh ich nun, ich armer Tor, und bin so klug als wie zuvor.*

Dies Problem haben wir Deutschen aber bekanntlich nicht nur bei der Auswahl der gesündesten Nahrung, sondern auch der fähigsten und moralisch integersten Politiker. Und hier wie da sagt sich so mancher Mitbürger: »Was soll's? Da ich sowieso nicht durchblicke und mir jeder was anderes erzählt, nehme ich einfach mal den Bio-Schweinebraten und wähle Schwarz-Gelb.«

4. Steinzeit-Ritual Grillen

Der Grill ist für viele deutsche Männer eine »heilige Feuerstätte«, wie der Deutschlandkorrespondent der *London Daily Times,* Roger Boyes, bemerkt.[237] Seit Mitte der 1950er Jahre gelten wir als Grill-Europameister. Grillabende gehören zu den Höhepunkten der wärmeren Jahreszeit und verlaufen nach einem exakt festgelegten Ritual. Genüsslich erinnert Boyes daran, dass »Grillen eine Erfindung der Steinzeit« ist: »Das Tier zu jagen – also Würstchen, Steaks und Hackfleisch im Supermarkt zu kaufen –, ein Feuer zu entfachen und es zu beaufsichtigen, ist absolute Männersache.« Genauer: »Es ist die reinste Zurschaustellung männlicher Hormone.«

Und tatsächlich: Ähnlich engagiert wie über Fußball oder Autos können manche Männer stundenlang nicht nur über Fleisch, Marinade und den richtigen Zeitpunkt zum Hinzufügen der Kräuter palavern, sondern auch, wie Boyes beobachtet hat, über den »Einfluss von Rauch, die richtige Ausrüstung (das deutsche Alpha-Männchen lehnt den runden, transportierbaren Kugelgrill ab), den richtigen Anzünder, den Umgang mit Aluminiumfolie und die Schmorzeit vor dem Wenden des Grillspießes«. Für den Briten Boyes ist es angesichts dieser vielen Regeln »kein Wunder, dass deutsche Männer das Grillen zu einer modernen Wissenschaft erhoben haben«.

Hinzu kommt: Wie bei allem Ernsthaften – und was gäbe es Ernsthafteres als das Grillen? – hat die Justiz das letzte Wort. So belehrte das Münchner Landgericht klagende Nachbarn, Grillen gehöre zum deutschen Sommer und 26 Grillabende innerhalb von vier Monaten – also etwa zwei pro Woche – seien durchaus vertretbar. Das Landgericht Stuttgart dagegen erlaubte pro Jahr nur drei Abende, die auch nur höchstens zwei Stunden dauern dürften. Das Bayerische Oberste Landesgericht hingegen hielt jährlich fünfmal Grillen mit Holzkohle, und nur im hinteren Teil des Gartens, für zumutbar. Ein Bonner Gericht wiederum verlangte, die Nachbarn mindestens 48 Stunden im Voraus zu informieren. »Seltsam?«, fragt Boyes. »Eigentlich nicht, nur typisch deutsch.«

Allerdings – glaubt man dem neutralen Zeitzeugen Boyes – bahnt sich beim Grillen eine Revolution an, und zwar durch die Frauen. Ihnen sei das ganze Gehabe ihrer Männer ohnehin immer suspekt gewesen, und daher mischten sie sich massiv ein, zum Beispiel durch den Kauf von Biobratwürsten. Die nämlich würden vor allem in Sachen Umweltverträglichkeit »genauer überwacht als die Kunden der Telekom«. Sogar beim Kauf der Grillkohle bestünden immer mehr Frauen auf Rücksicht auf die Umwelt.

Boyes' Fazit: »Irgendwie scheint dieses globale Verantwortungsbewusstsein dem deutschen Steinzeit-Männchen nicht recht zu schmecken. Es läuft dem Zweck des Grillens entgegen, nämlich politisch korrektem Verhalten zu trotzen.«

5. Probier's mal mit Gemütlichkeit

Zu den wenigen deutschen Vokabeln, die Briten und Amerikaner als Fremdwörter übernommen haben, gehört *Gemütlichkeit*. Dieser Umstand bedeutet natürlich nicht, dass sie ohne unsere Nachhilfe stets ungemütlich wären, sondern dass viele Deutsche auf unnachahmliche Art »gemütlich sind«, die im Englischen nicht zu beschreiben ist. Aber ist sie es im Deutschen? Das Internetlexikon Wikipedia versucht es zumindest: »Gemütlichkeit kennzeichnet zugleich eine dem Menschen freundliche, warme Atmosphäre und Umgebung, in der man sich wohl fühlt. Sie ist gekennzeichnet von Ruhe, Ausgeglichenheit und Geborgenheit, Konfliktfreiheit und Sorglosigkeit. Sie bringt Ruhe in die Hektik. Gemütlichkeit verträgt keine Aufregung, keinen Streit, keine sich aufdrängenden Sorgen. Sie ist auch unvereinbar mit gleichzeitiger schwerer Arbeit, die zwar zu Gemütlichkeit führen kann, aber selbst keine darstellt.«

Dies erinnert zwangsläufig an den Ersten Brief des Apostels Paulus an die Korinther über die Liebe: »Die Liebe ist langmütig und freundlich, die Liebe eifert nicht, die Liebe treibt nicht Mutwillen, sie bläht sich nicht auf, sie verhält sich nicht ungehörig, sie sucht nicht das ihre, sie lässt sich nicht erbittern, … sie erträgt alles, sie glaubt alles, sie hofft alles, sie duldet alles. Die Liebe hört niemals auf.«[238]

Wie schwer *gemütlich* umschrieben werden kann, zeigt sich gut am sogenannten *Antinom* (»Jetzt werde ich aber gleich ungemütlich«) oder am abwertenden Gebrauch (»Wir arbeiten wie die Irren, und du machst gemütlich Frühstückspause«).

Dies wiederum kennzeichnet auch viele Deutsche und ihre *protestantische Arbeitsethik.* »Wir arbeiten, um zu leben?« Von wegen! »Wir leben, um zu arbeiten«, was wiederum von der Erbsünde abgeleitet wird. Für diese – religiös begründete – Lebenseinstellung kennen wir den unsäglichen, weil missverständlichen und dehnbaren Begriff *pflichtbewusst:* Einerseits sagt er ganz banal, dass jemand seine Aufgaben erfüllt, dass zum Beispiel eine Mutter den Säugling füttert, ein Fußballprofi nüchtern zum Training erscheint. Andererseits wird auch als »pflichtbewusst« bezeichnet, wer unverantwortlicherweise krank zur Arbeit kommt, ständig unbezahlte Überstunden macht oder sich generell von Arbeitgebern und faulen Kollegen ausnutzen lässt. Umgekehrt – und hier treffen sich beide Begriffe – redet *pflichtbewusst* selbst jenen, die nach zwölf Stunden Arbeit nach Hause gehen und sich es danach *gemütlich machen* (neudeutsch: *relaxen* oder *chillen*), ein schlechtes Gewissen ein.

Dies alles führte bei dem Erfindervolk der Gemütlichkeit zu einem gehemmten Umgang damit, zumal es zeitweise eine – wenn auch von den Medien großenteils maßlos überdramatisierte oder frei erfundene – *Spaßgesellschaft* gab. Gewissen Typen waren Menschen, die einfach nur leben wollten, ein Dorn im Auge: »Die Spaßgesellschaft braucht die kalte Dusche«, schnaubte schon im Februar 2001 der Soziologieprofessor Alexander Schuller in der *Welt.* Und natürlich waren wieder Hippies und Studentenbewegung schuld: »Spielen statt Denken« sei »die nur scheinbar harmlose Erbschaft aus 68. Das dialektische ›make love not war‹ verdichtete sich zum eindimensionalen ›have fun‹. Für diesen Befund gibt es ja auch längst den richtigen Begriff: Spaßgesellschaft.«[239]

Das Klagen des römischen Dichters und Politikers Cicero über den allgemeinen Sittenverfall (»o tempora, o mores«) scheint sich genetisch von Generation zu Generation zu vererben. Und schon war die Zielgruppe der Aversion bis hin zum Hass natürlich die jeweils »heutige Jugend«, die nur Freude am Leben haben wolle und den »Ernst des Lebens« ignoriere.

Selbstverständlich konnten Anfang dieses Jahrtausends nur die Minderheit der Besserverdienenden und vor allem deren Kinder den Spaß wirklich ausufernd ausleben. Aber selbst die Glücksspielgewinner von den Lotto-Königen bis hin zu den großkotzigen Zockern der *new economy* waren eine Minderheit in der Minderheit.

Und natürlich kann man sogar das Zwanglose todernst angehen. Unübertrefflich auf die Schippe genommen wird diese Manie im Loriot-Sketch »Weihnachten bei Hoppenstedts«, wo sich die unvergessliche Evelyn Hamann mit ihrem Gatten streitet, in welcher Reihenfolge man es sich Heiligabend *gemütlich* macht, ob man erst die Geschenke auspacken, dann die Kerzen am Weihnachtsbaum anzünden und es sich dann »gemütlich« machen solle – oder umgekehrt.

Fast scheint es, als sei bei einigen Mitbürgern auch das Wort »Gemütlichkeit« – und sein Inhalt – weniger in die Herzen und das »Gemüt« eingedrungen als bei denen, die dies als Fremdwort übernommen haben.

6. Feste feiern heißt feste arbeiten

Lieber Feste feiern als feste arbeiten. Diese nette deutsche Lebensweisheit wird allzu oft überzeugend widerlegt. Nicht nur das Christfest der Loriot-Familie wird bei manchen Deutschen sorgfältiger vorbereitet als die Abiturprüfung oder das Bewerbungsgespräch für den Traumjob. Ob Silvester, Ostern oder Pfingsten, Verlobung oder Geburtstag: Wann immer sie Gäste einladen, herrscht eine Atmosphäre wie im NASA-Kontrollzentrum kurz vor dem Start der ersten bemannten Raumfahrtexpedition zum Andromedanebel: Jeder Handgriff muss sitzen und alles perfekt sein.

Erster Akt: Aufräumen

Zunächst wird die Wohnung auf Vordermann gebracht, als hätte man den Frühjahrsputz eines ganzen Jahrzehnts auf einen einzigen Vormittag gelegt. Im Badezimmer zum Beispiel ersetzt man von der Zahn- über die Haar- bis hin zur WC-Bürste Bewährtes durch Nagelneues und lässt Verräterisches wie *Kukident* oder *Aspirin* verschwinden: Man will sich ja nicht blamieren.

Zweiter Akt: Nahrungsbeschaffung

Das gilt erst recht für Speis und Trank, und das fängt schon beim Einkauf an. Warmes Essen oder kalte Platte? Beides zusammen ist zu teuer – und schließlich ist man ja nur Gastgeber eines gemütlichen Beisammenseins und keine Obdachlosentafel. Ein edles Menü macht zwar etwas her, aber wer isst was beziehungsweise was nicht? Für die einen ist ein leckerer Lammbraten ein Horror, die anderen mögen generell weder Fisch noch Fleisch, wieder andere keine Pilze. Also kaltes Buffet, bei dem für jeden etwas dabei sein muss: Aber Lachs und Langusten sind zu teuer, von Flusskrebs und Hummercocktail gar nicht zu reden. Kassler und Kartoffelsalat sind ebenso zu mickrig wie Buletten und Bratenaufschnitt. Nach zwei Stunden steht man – in der Regel ist es natürlich die »Hausfrau« – endlich an der Supermarktkasse. Wein besorgt man hier natürlich nicht. Am Ende kauft einer der Gäste in derselben Supermarktkette und kennt den Preis. Also noch schnell zum Importeur französischer Getränke. Das Motto bei der Weinauswahl: finanziell noch gerade zu verkraften und dennoch Eindruck schinden – auch wenn es bei manchen »Perlen vor die Säue« ist. Sekt natürlich als sündhaft teuren Champagner, aber nur zum Anstoßen. Das Heranschaffen von Bier – natürlich vom familieneignen Fass – ist natürlich ebenso Männersache wie die Auswahl der harten Getränke, die aber nur im äußersten Notfall und auch dann nur sehr sparsam herausgerückt werden.

Dritter Akt: Zubereitung

Die stressigsten Tage des Jahres neigen sich dem Ende zu. Beim Zwiebelschneiden fällt der Gastgeberin gerade noch rechtzeitig Reinhard Meys Lied *Die heiße Schlacht am kalten Buffet* aus dem Jahr 1972 ein.

Die Faust um die Gabel geballt./Mit feurigem Blick und mit Schaum vor dem Mund/Kämpft jeder für sich allein,/Und schiebt sich in seinen gefräßigen Schlund/Was immer hineinpasst hinein.

Bei der heißen Schlacht am kalten Buffet,/Da zählt der Mann noch als Mann,/Und Auge um Auge, Aspik um Gelee,/Hier zeigt sich, wer kämpfen kann, hurra!

Also doch lieber »leckere Häppchen« oder »ein paar Schnittchen«. Und noch viel wichtiger: Da wird es für die Gierschlunde unter den Verwandten, Nachbarn und guten Freunden schon schwieriger, sich gezielt das Beste herauszupicken und den anderen wegzufressen.

Irgendwann dann kommen die Gäste zum *gemütlichen Beisammensein,* und irgendwann gehen sie endlich. Und erst wenn der oder die Letzte hinauskomplimentiert wurde, atmen die Gastgeber wirklich auf: »Alles ohne größere Zwischenfälle über die Bühne gebracht.«
Ein harter Arbeitstag liegt hinter den Gastgebern. Kein Wunder, dass für derlei Lebensgefühl andere Völker keine Übersetzung von *Gemütlichkeit* finden.

7. Rein, aber fein – das deutsche Bier

Entgegen einschlägiger Propaganda ist Bier zwar nur das viertliebste Getränk der Deutschen – nach Kaffee, Wasser und Erfrischungsgetränken –, ihm gebührt hier dennoch ein eigenes Kapitel.

Auch wenn es nicht gerade rosig ums Bier bestellt ist. Und der Konsum geht – wie die Trinkerei insgesamt – weiter zurück: »Deutschland dreht den Zapfhahn zu«, sorgt sich sogar der Nachrichtensender *n24*. Schuld sei, so der Deutsche Brauer-Bund, neben dem Rauchverbot in Gaststätten auch die Abwrackprämie.[240] »Brauchen wir jetzt auch noch eine Bier-Prämie?«, fragt *Bild*. Und fordert: »Schreiben Sie uns lustige Vorschläge zur Rettung des deutschen Bierkonsums!«[241] Wie lautet doch gleich der Werbespot: »Jeder Schwachsinn braucht auch einen Hirnrissigen, der ihn ausspricht« – oder so ähnlich.

Aber unabhängig von schnöden Statistiken bleibt das Bier unser Kultgetränk Nummer eins. Immerhin bieten etwa 1300 Brauereien mit rund 5000 verschiedenen Bieren »ein weltweit einzigartiges Angebot«, wie der Brauer-Bund nicht ganz zu Unrecht meint.

Und ebenfalls global ist das Bier als Sympathieträger für unser Land. »Dumpfbackige Lederhosenträger, die täglich Kraut und Bratwurst verspeisen und viel Bier trinken: So sieht im deutschen Vorurteil das Deutschlandbild der Amerikaner aus«, schrieb die *Financial Times Deutschland* im März 2010. »Dabei ist es weit positiver – nicht zuletzt wegen des Biers.«[242]

So fanden die US-Meinungsforscher von *Frank N. Magid Associates* im Auftrag der Deutschen Botschaft in Washington heraus: »Vor allem dürstet es Amerikaner bei Informationen über Deutschland nicht so sehr nach zusätzlichem Wissen über Filme, Sport oder Literatur – sondern über deutsches Bier.«[243] Aber auch da geraten sich die Deutschen selbst schnell in die Haare. »Ein gutgezapftes Pils braucht sieben Minuten«, sagt der Volksmund. Die Vollprofis der Internetseite *bierundwir.de* meinen dagegen: »Höchste Zeit, dass mit dieser Tresen-Legende beinahe dogmatischen Charakters aufgeräumt wird. Wer sich mit dem Pilszapfen sieben Minuten Zeit lässt, nimmt ihm einen erheblichen Teil seines geschmacklichen Reizes ... Schlaff und beinahe schal kommt das Pils nach 7 Minuten oft daher. Wird das Pils hingegen zügig in 2 bis 3 Minuten gezapft, kann man es getrost in Ruhe genießen: So eingeschenkt, prickelt es auch nach 10 bis 15 Minuten noch auf der Zunge.«[244]

All dies ist undenkbar ohne das *Reinheitsgebot,* und das hat eine ehrfurchteinflößende Tradition: Als Kaiser Friedrich I. »Barbarossa« am 21. Juni 1156 der Stadt Augsburg das Stadtrecht verlieh, befahl er in der *Justitia Civitatis Augustensi,* dem ältesten deutschen Stadtrecht überhaupt: »Wenn ein Bierschenker schlechtes Bier macht oder ungerechtes Maß gibt, soll er gestraft warden.«[245] Nach einer Verordnung der Stadt Weimar von 1348 durfte nichts anderes als Hopfen und Malz im Bier enthalten sein. Anderswo, vor allem im Rheinland, war Hopfen zum Brauen noch verboten. Nürnberg wiederum verbot im Jahre 1393 aufgrund einer Hungersnot den Brauern, andere Getreide als Gerste zu nehmen. Am 23. April 1516 war es endlich so weit: Herzog Wilhelm IV. erließ das erste *Reinheitsgebot,* wenn auch nur für Bayern.

Aber dann wurde im Jahre 1871 das Deutsche Reich gegründet, und so übernahmen auch andere Staaten die Reinheitsverpflichtung, schließlich wurde sie anno 1923 im Deutschen Biersteuergesetz (BierStG) festgeschrieben. Und seit der novellierten Fassung von 1952 gilt: Für untergäriges Bier wie Bock, Helles oder Pils sind Gerstenmalz, Hopfen, Hefe und Wasser als Zutaten zugelassen. Für obergäriges Bier wie Alt, Kölsch oder Weizenbier waren auch andere Malzsorten sowie einige Zuckerarten und Farbstoffe erlaubt. Was dem nicht entsprach, durfte sich nicht »Bier« nennen.

Eine der Folgen: Tschechische Brauereien produzierten zweierlei Bier: für die Deutschen und für den Rest der Welt. »Das in Deutschland verkaufte tschechische Bier schmeckte deutlich anders als identische Marken im Ursprungsland«, spöttelt sogar Wikipedia.

Am 12. März 1987 verbot der Europäische Gerichtshof die Ausgrenzung ausländischer Biere. Die Bindung an das deutsche *Reinheitsgebot* habe mit Verbraucherschutz nichts zu tun. Im Klartext: Die Deutschen können auf ihre Biere *Reinheitsgebot* raufschreiben bis zum Umfallen, aber andere Gerstensäfte dürfen sich ebenfalls »Bier« nennen.

Zum Glück sind es nicht *die* Deutschen, nicht einmal *die* Biertrinker, die sich mit diesen absurden Spitzfindigkeiten abgeben. Und im Prinzip ist es ja vorbildlich, per Gesetz darauf zu achten, dass wenigstens das Bier nicht so gesundheitsschädlich verhunzt werden darf wie viele andere Lebensmittel.

Aber unser Bier ist nicht nur gesund, es ist auch leicht bekömmlich. So versicherte im Jahre 2008 Bayerns damaliger Ministerpräsident Günther Beckstein im Bayerischen Rundfunk, nach zwei Litern Bier könne man durchaus noch Auto fahren. Ein »gesellschaftlich seit Jahrhunderten akzeptierter Gebrauch von Alkohol ist nicht zu beanstanden«. Schließlich sei ein Glas Wein oder Bier Teil der Kultur in Bayern.[246] Und so können wir bei der nächsten Polizeikontrolle auf, die Frage, ob wir Alkohol getrunken hätten, getrost antworten: »Nur zwei Liter Bier.«

8. Hui oder pfui:
die Lebensmittelreinheit

Solange sich die Großkonzerne und die von ihnen aus-
gehaltenen Politiker gegen die »Ampel-Kennzeichnung«
wehren wie der Teufel gegen das Weihwasser, weil der
Verbraucher dann erfahren könnte, was gesund oder un-
gesund ist, kann man von Reinheit nicht wirklich sprechen. Aber wieso soll der sonst als mündig hofierte Bürger
nicht erfahren, wie fettig, salzig und süß Lebensmittel sind?
Mal ehrlich: Würden wir minderwertigen Schrott zu über-
höhten Preisen unter die Leute bringen wollen, würden
wir uns nicht auch gegen jede Art von Aufklärung unserer
Opfer wehren? Daher erstaunt es nicht, dass die Lebens-
mittel-Mafia gegen eine ehrliche Verbraucheraufklärung
beinahe Amok läuft. Simple Daten seien »eine Irreführung
der Verbraucher« und eine »politische, oftmals ideologi-
sche Abwertung von Erzeugnissen«, behauptet etwa der
Bund für Lebensmittelrecht und Lebensmittelkunde. Die
Ampel-Farben würden »Schwarz-Weiß-Malerei« bedeu-
ten und dem Verbraucher suggerieren, er könne sich ohne
weiteres Nachdenken gesund ernähren, wenn er möglichst
viele grün gekennzeichnete Produkte wähle. Dabei komme es vor allem auf die richtige Kombination verschie-
dener Lebensmittel an.[247] Anders gesagt: Gammelfleisch
schadet nichts, wenn man hinterher zwei Magenbitter
trinkt.
Die Befürworter der Ampel-Kennzeichnung – Verbrau-
cherschützer, Ärztekammer, Elternvertreter und Krankenkassen – erinnern an wachsende Gesundheitsprobleme

durch falsche Ernährung. 37 Millionen Erwachsene sowie zwei Millionen Kinder und Jugendliche hätten bereits Übergewicht. Viele ernährten sich falsch, weil sie zu schlecht informiert seien oder von der Industrie zu viele fett- und zuckerhaltige Lebensmittel untergeschoben bekämen.

Die saudumme Ausrede, ein nationaler Alleingang sei nicht möglich und eine Verpflichtung der Hersteller zur Nährwertkennzeichnung rechtlich problematisch, finden aber immer weniger Bürger witzig. Schon deshalb forderten die Verbraucherschutzminister der Länder die damalige Bundesregierung bereits im September 2008 auf, sich in der EU für eine verpflichtende Farbkennzeichnung von Lebensmitteln einzusetzen.[248]

Bislang spricht jedoch nichts dafür, dass dies ernst gemeint sei. Auffällig und bezeichnend ist jedenfalls, dass selbst die gesetzlich vorgeschriebenen Angaben über das, was in den Lebensmitteln drin ist, so winzig und ohne Mikroskop unlesbar gedruckt sind, wie es eigentlich nur Betrügerbanden mit dem sprichwörtlich *Kleingedruckten* handhaben. Wer aber »Kleingedrucktes« dem Kunden unterjubeln will, der ist keinen Deut besser als der Zeitungs- und Versicherungsdrücker-Abschaum.

Ein kleiner Tipp für kritische Bürger mit Langeweile: Rufen Sie einfach eine Pressestelle der betroffenen Konzerne an, und Sie werden dermaßen viel hilfloses Gestammel hören, dass es für ein Dutzend von Satiresendungen reicht. Und auch hier steckt wieder die – diesmal klugerweise unausgesprochene – Logik dahinter: Gesundheitlich unbedenkliche Lebensmittel schaden unserer Marktwirtschaft. Teile der Schwarz-Gelben würden sagen: Eine wirksame Lebensmittelkontrolle, die alles Schädliche verbietet, wäre wie die DDR ohne Mauer. Schließlich zeichne sich ja die freie Marktwirtschaft dadurch aus, dass der mündige Bürger das Produkt seiner Wahl kaufen könne.

Das Dumme ist nur: Die Bürger lernen dazu. Und sie kaufen – siehe oben – immer gesundheitsbewusster. Und wenn im Volk erst einmal das Gerücht umgeht, im Supermarkt XY würden Lebensmittel angeboten, die eigentlich nicht einmal als »Tiernahrung« erlaubt wären, entsteht ein zuweilen irreparabler Schaden. Schon sehen die ersten Anbieter eine Marktlücke darin, ihre Kunden offen und ehrlich über den Inhalt und die Herkunft ihrer Ware aufzuklären. Völlig klar, dass dann viele Supermarktketten blass aussehen mit ihrer Logik: »Ob in unseren Bratwürsten Katzen und in unserem Hackfleisch Hunde verarbeitet sind, geht Sie, lieber Verbraucher, gar nichts an.« Die einzige Beruhigung für diese Kriminellen: Die Politik ist ihr Geld wert. Die ehrliche Kennzeichnungspflicht wie die Ampel wird so schnell nicht kommen. Dass sich unsere Volksvertreter nicht schämen, dermaßen leichtfertig mit der Gesundheit der ihnen anvertrauten Menschen zu spielen, ist nichts Neues: Wer junge Menschen nach Afghanistan schickt und gleichzeitig darauf achtet, dass die eigenen Söhne nicht dabei sind, dem kann man auch ohne weiteres generelle Verantwortungslosigkeit unterstellen. Und so würde es keinen klardenkenden Bürger wundern, wenn gerade Gegner der Lebensmittel-Ampel peinlichst darauf achten, dass bei ihnen zu Hause nur exakt geprüfte Biokost auf den Tisch kommt.

9. Fröhlichkeit als Ritual: Karneval und Oktoberfest

Karneval, je nach Region auch *Fastnacht* oder *Fasching* genannt, ist nichts anderes als die christliche Variante uralter Bräuche wie der germanischen Winteraustreibung, aus denen wiederum die Fastenzeit entstand. Auch das Tragen der Masken rührt aus dieser Zeit. Man wollte von den bösen Geistern des Winters nicht erkannt werden.

Heute versteht man den Karneval als »fünfte Jahreszeit«, also als Lustigsein auf Kommando, und zwar überwiegend in katholischen Gegenden. Na klar: ohne vorösterliche Fastenzeit, die den ernsthaften Protestanten sogar theoretisch fremd ist, kein Austoben davor.

Die närrische Zeit beginnt exakt am »11.11. um 11 Uhr 11«. Bevor am Aschermittwoch »alles vorbei« ist und die Vegetarierwochen beginnen, sollen die Deutschen vor allem an den sechs *tollen Tagen* von Altweiberdonnerstag bis Karnevalsdienstag einmal richtig die Sau rauslassen, sich einen oder mehrere antrinken und dann das tun, was sie sich das ganze Jahr nicht trauen – meistens übrigens zu Recht. Würde zum Beispiel ein 62-jähriger fettleibiger Abteilungsleiter mit seinen schmierigen Wurstfingern am 15-jährigen Lehrmädchen herumgrapschen und das Mädchen dann mit den Worten »Du willst es doch auch« auf die Besetzungscouch zerren, wäre der Lustgreis wegen Vergewaltigung dran. Spielt sich das Ganze aber innerhalb der *tollen Tage* ab, ist der senile Sittenstrolch eine »Stimmungskanone« und das Lehrmädchen vor dem sexuellen Missbrauch bis zur Bewusstlosigkeit abgefüllt. Umgekehrt wird die treusorgende Mutter zur *Femme fatale* und geht im Schutze einer Maske allen möglichen und unmöglichen Typen an die Wäsche.

Nun geht es natürlich im *Karneval* nicht nur um das Ausleben perverser Phantasien notgeiler Hanseln und frustrierter Hausfrauen, auch nicht um inoffizielles Komasaufen, sondern auch um ganz banale materielle oder zumindest eigennützige Interessen.

Das fängt beim prestigeträchtigen Amt eines Karnevalsprinzenpaares an und hört bei einem Auftritt in den zahllosen Karnevalssendungen noch lange nicht auf. »An sich ist Karneval fürs Fernsehen gar nicht geeignet, weil's ein Mitmachfest ist«, ärgert sich Kabarettist Jürgen Becker. »Im TV nimmt man Karneval deshalb eher als unterirdische Unterhaltungsmaschine wahr, als Ramsch-Inferno des rheinischen Frohsinns … Man sieht Leute wie Bernd Stelter oder De Höhner. Was die da treiben, machen die aber das ganze Jahr, das hat mit Karneval gar nichts zu tun.« Und er erläutert auch den Unterschied zu anderen deutschen Gegenden: »In manchen Städten heißt das Fasching – das kann man ignorieren, wenn man will. Karneval im Rheinland kann man nicht ignorieren, man kann sich nur aus der Ansteckungszone entfernen.«[249]

Absoluter Höhepunkt von Jux und Tollerei ist der Rosenmontag. Von den Hochburgen wie Köln, Düsseldorf oder Mainz bis hin zu kleinen Gemeinden ist großenteils arbeitsfrei. Allerdings wird auch dieser »Brauchtumstag« zum Wohle der Konzerngewinne immer häufiger gestrichen. Seit 2009 müssen ausgerechnet beim weltweit einzigartigen Vorzeige-Unternehmen *Telekom* die Mitarbeiter dafür Urlaub nehmen, und auch viele Supermärkte haben an Weiberfastnacht, Rosenmontag und Karnevalsdienstag von 8 bis 20 Uhr geöffnet.[250]

Der Rosenmontagszug selbst ist für viele die jährlich einmalige Gelegenheit, es »denen da oben mal so richtig zu geben«, und sei es auch nur in Form der Prunkwagen. Und manche lassen hier offenbar die im Laufe von zwölf Monaten aufgestaute Wut heraus: »Nackte Merkel ist auch im Karneval tabu«, lautete am 28. Februar 2009 ein Aufmacher im *Tagesspiegel.* »Bundeskanzlerin Angela Merkel darf nicht barbusig im Kölner Rosenmontagszug mitfahren.« Einer entsprechenden Figur musste auf Anordnung des Festkomitees in letzter Sekunde noch ein Bikini aufgemalt werden. In Düsseldorf allerdings rollte schon 2004 eine nackte Merkel durch die Straßen. Allerdings war sie damals noch nicht Kanzlerin.

Den Herrschenden »ordentlich die Meinung zu geigen« hat eine jahrtausendealte Tradition. So begingen die Römer vom 17. bis 19. Dezember ein Fest zu Ehren ihres Gottes Saturn. Es gab ein öffentliches Gelage, zu dem jedermann aus jeder Gesellschaftsschicht kommen durfte. Sogar Hinrichtungen wurden verschoben, damit die Todgeweihten noch mitfeiern konnten. Höhepunkt waren farbenprächtige Umzüge mit einem geschmückten Schiffswagen, dem *carrus navalis.* Daher soll übrigens das Wort *Karneval* stammen und nicht, wie viele meinen, aus dem italienischen *carne vale* (»Fleisch ade«). Aschermittwoch und fleischlose Fastenzeit wurden nämlich erst im christlichen Mittelalter erfunden.[251]

Jedenfalls hat den Sklaven das alljährliche Dampfablassen so viel gebracht wie den Deutschen, vor allem, weil die »Kritik« an der Obrigkeit dermaßen harmlos ist, als wären die Hofnarren bei der Regierung fest angestellt. Ein Hans-

Dietrich Genscher konnte mit den Witzen über seine großen Ohren ebenso gut leben wie Ulla Schmidt mit dem albernen Nachäffen ihrer näselnden Aussprache und ihrem teilweise seltsamen Satzbau, mehr noch: Hier können die Politiker beweisen, dass sie auch über sich selbst lachen können. Spricht man die Volksvertreter dagegen auf ihre konkrete Politik an, so finden sie das zumeist überhaupt nicht witzig.

Ähnlichen Kultcharakter wie das rheinische Jeckenspektakel genießt das Münchner *Oktoberfest* auf der Theresienwiese. Es gilt mit jährlich über sechs Millionen Besuchern als eines der größten Volksfeste der Welt, für das die Münchner Brauereien ein spezielles Bier namens *Wiesn Märzen* mit mehr Stammwürze und damit auch mit höherem Alkoholgehalt (6 bis 7 Prozent) herstellen.

Das Oktoberfest ist eine hochgradig politische Angelegenheit. So sticht stets der Oberbürgermeister um Punkt 12 Uhr das erste Fass Bier an. Ruft er dann triumphierend »O'zapft is!« (»Es ist angezapft!«), bricht ein ohrenbetäubender Jubel aus, und das Fest ist eröffnet. Zur Bestätigung donnern auf der Treppe zur Bronzestatue *Bavaria* zwölf Böllerschüsse, und nun dürfen auch die anderen Wirte mit dem Ausschank beginnen. Die erste Maß allerdings steht natürlich dem bayerischen Ministerpräsidenten zu.

Außer dem Oktoberfest, das bei vielen Touristen den Ruf genießt, man müsse es unbedingt erlebt haben, veranstalten die Deutschen jede Menge Feste, in den Städten zum Beispiel Volks- und Straßenfeste, in den Gemeinden Winzerfeste mit Weinkönigin, Schützenfeste mit Schützenkönig/-in, außerdem Trachten- und Feuerwehrfeste sowie allerlei anderes mehr.

Ähnlich wie beim Sonntagsgottesdienst ist die Teilnahme

an den Festivitäten vielerorts unausgesprochene gesellschaftliche Pflicht – gerade für neu Zugezogene, wollen sie
nicht als arrogant, verschroben oder sogar »verdächtig«
eingestuft werden.

10. Kleiner Zipfel vom Glück: die Schrebergärten

In Deutschland gibt es mehr als eine Million Kleingärten, hauptsächlich in Städten, da dort oft den Menschen aufgrund von Platzmangel Gartenland fehlt. Nicht zufällig entstanden Kleingärten Anfang des 19. Jahrhunderts als *Armengärten:* Den deutschen Blaublütern war ein Schicksal wie die Französische Revolution inklusive Guillotine gerade noch erspart geblieben, und das arbeitsscheue und verwöhnte Pack hatte mehr Angst vor den ehrlich Arbeitenden als umgekehrt. Motto: »Ehe der Pöbel freiwillig verhungert, macht er uns alle« – was wir heute die »Gefahr von Armenaufständen« nennen.

Die deutsche Bürokratie, die merkwürdigerweise beim Aufspüren von Wirtschaftsgangstern und Umweltkriminellen ständig versagt, ist beim Kleingartenwesen ganz preußisch korrekt. Schrebergartensiedlungen und Kleingartenanlagen unterliegen dem Bundeskleingartengesetz. So darf das Gartenhaus nicht als Wohnsitz genutzt werden und die gesamte Grundfläche mit Überdachung 24 Quadratmeter nicht übersteigen. Der Kleingarten selbst darf nicht größer als 400 Quadratmeter sein. Außerdem müssen Umwelt- und Naturschutz sowie Landschaftspflege bei der Nutzung und Bewirtschaftung des Kleingartens berücksichtigt werden.

Und auch das schreibt derselbe Gesetzgeber, also die von uns freiwillig und ohne Not gewählte »Volksvertretung«, vor. Der Armengarten soll je zu einem Drittel genutzt werden als:

- Nutzgarten mit Gemüse, Beeren, Sträuchern, Kräutern, Obstbäumen, Frühbeeten oder Kompost.
- Erholungsgarten mit Laube, Terrasse, Wiese, Sitzecke und Ähnlichem, wobei maximal 15 Prozent der Pachtfläche durch Plattierungen versiegelt werden dürfen.
- Ziergarten mit Stauden, Ziersträuchern, Blumenrabatten, Hecken und so weiter.

Was unterm Strich herauskommt, ist die Diktatur der Versager. Nichtskönner – meist Männer –, die nie in ihrem Leben irgendjemand ernst genommen hat und denen nicht einmal der Hund gehorcht, spielen sich jetzt auf als »Autoritäten«, die bestimmen können, wer wie viele Äpfel ernten und wie große Erdbeerbeete anlegen darf und welcher Baum gefällt werden darf.

Der Gartenzwerg und die Deutschen

Zu einem deutschen Schrebergarten oder wenigstens zu einem deutschen Balkon gehört der Legende nach auch ein Gartenzwerg. Rund 5,6 Millionen unserer Landsleute bringen es auf insgesamt 25 Millionen der kleinen Wichtelmänner. Der echte Gartenzwerg, so wusste Fritz Friedmann, laut *dpa* »der Gartenzwergexperte schlechthin«, schon im Jahre 2000, hat eine rote Mütze und eine grüne Schürze sowie eine Größe von maximal 68 Zentimetern.[252]

Dass der Gartenzwerg die Krönung des deutschen Spießerdaseins sei – egal, ob Schrebergärtner oder Eigenheimbesitzer –, bedarf allerdings einiger Erklärungen. Historisch hat er nämlich aus ähnlichen Gründen Karriere gemacht wie etwa die Comedians »Maddin« oder »Cindy aus Marzahn«: Diese beiden hätten im Radio keine Chance; der Pöbel lacht nur über ihr Äußeres. Schon im Altertum hielten sich die Reichen und Mächtigen lebende Kleinwüchsige, weil sie angeblich so komisch aussahen. Seit dem 17. Jahrhundert gibt es sie als Figuren, und selbst der große Goethe erwähnt sie in seinem Werk *Hermann und Dorothea*. Mit dem Aufkommen der freien Marktwirtschaft und Kinderarbeit wurden die noch heute klassischen Gartenzwerge den Bergleuten nachempfunden: Lederschürze, Schaufel, Spitzhacke, Laterne und Schubkarre. Damals wie heute wirkt ja allein der Gedanke an ehrliche Arbeit auf die schönen und reichen Schmarotzer wie eine Perversion. Und die Mittelschicht äffte auch diesen menschenverachtenden Habitus devot nach.

In den 1990er Jahren allerdings erlebte der Gartenzwerg – quasi als Spätfolge der Achtundsechziger – eine unerwartete Renaissance, und zwar als gottloser Antigartenzwerg: mit Messer im Rücken, als Exhibitionist, aber auch mit Motorsäge und dem berühmt-berüchtigten »Stinkefinger«. Und natürlich – quasi als Ergänzung zu den Karneval-Lästereien – gab und gibt es Politiker als das, was sie teilweise ja auch waren und sind: als Gartenzwerge. In Härtefällen wie Guido Westerwelle fällt es dem Künstler schwer: Der karikiert sich doch schon selbst.

11. Strandkorb, Sandburg, Mängelliste, Videobeweis

Manche deutschen Urlauber zeichnet neben dem erwähnten Drang, einheimischer als die Einheimischen zu sein, eine Reihe unverwechselbarer Eigenarten aus:

Strandkorb

Er gilt als typisch deutsch, wobei man die »abgerundete, geschwungene Ostseeform« und die »gerade, eckig anmutende Nordseeform« unterscheidet. Weltruhm erlangte der Strandkorb zu seinem 125-jährigen Jubiläum, als sich am 8. Juni 2007 zum Abschluss des G-8-Gipfels in Heiligendamm sämtliche Regierungschefs der acht führenden Wirtschaftsnationen und der Präsident der Europäischen Kommission zum »Familienfoto« in einen eigens dafür gebauten Mammutstrandkorb setzten. Inzwischen gibt es sogar spezielle Strandkörbe für Kinder, Hunde und Puppen sowie eine Strandkorbsprint-WM, bei der man einen 60 Kilo schweren Korb 20 Meter weit ziehen muss.[253]

Sandburg

Sandburgen bauen viele Urlauber um ihren Strandkorb, um ihr Territorium abzugrenzen. Wieder andere betreiben nach Beobachtung von Kulturhistorikern den Burgenbau als Beschäftigungstherapie, um vor sich selbst und den Strandnachbarn nicht als faul dazustehen. Vielen Vätern merkt man förmlich die Erleichterung darüber an, dass sie – ähnlich wie bei der elektrischen Eisenbahn oder bei Lego-Steinen – ihren Nachwuchs als Alibi für ihr »kindisches« Treiben benutzen können.

Liegen-Wettkampf

Reservierungsterror am Pool nennt die *Süddeutsche Zeitung* die Manier oder Manie mancher Deutscher, »ihre« Liege am Strand oder am Swimmingpool teilweise schon im Morgengrauen oder sogar mitten in der Nacht mit Handtüchern zu »beschlagnahmen«.[254] Die Weltmeister im Liegen-Reservieren bereiten sich dadurch ausgerechnet im Urlaub einen Stress, den sie meist das ganze Jahr über nicht haben. Inzwischen aber herrscht in immer mehr Hotels *Reservierungsverbot:* Wer dagegen verstößt, dessen Handtuch wird vom Personal eingesammelt. Andere Gäste dagegen helfen sich selbst: weg mit dem Handtuch und sich selbst hingelegt.

Reisemängel finden

Reisemängel gewissenhaft zu protokollieren, um nach der Rückkehr in die Heimat auf Preisminderung zu klagen, scheint bei einigen Mitbürgern der Hauptgrund für die Urlaubsreise zu sein. Wohlgemerkt: Hier soll nicht die Rede sein von echten und schwerwiegenden Mängeln und der Entschädigung, für die das Landgericht Frankfurt eine Art Richtlinien-Tabelle entwickelt hat.[255] Landet man zum Beispiel statt im Einzelzimmer im Dreibettzimmer, gibt's 25 Prozent zurück. Ungeziefer kann bis zu 50 Prozent einbringen, während ein eintöniger Speisezettel (wer entscheidet das eigentlich?) maximal fünf Prozent einbringt.

Darum aber geht es hier nicht, sondern um die Berufs-
nörgler, die es tatsächlich gibt: die insgeheim hoffen, dass
der Flieger Verspätung hat, das gebuchte Hotel überbelegt
ist, es tagelangen Stromausfall, unerträglichen Baulärm
oder Ratten im Bad gibt, und die regelrecht enttäuscht
sind, wenn es – im doppelten Wortsinn – »nichts zu klagen« gibt.

Urlaubsbekanntschaften

Sie können das ganze Leben zum Guten wenden, aber
auch ein fürchterlicher Reinfall sein. Hauptgrund: Ähnlich
wie in Internet-Chats kann man sich ausgeben, als wer
man will, ohne dass es sofort nachprüfbar wäre. Da wird
der Bürobote zum Abteilungsleiter, die Kosmetikerin zur
Modedesignerin und der Zeitschriftendrücker zum Jour-
nalisten. Bei Sangria und Tangoklängen landet man schnell
beim *Du,* und schon bald sind die Adressen ausgetauscht:
»Ihr müsst uns unbedingt besuchen kommen.« Keine Probleme gibt's, wenn alle Beteiligten das Ganze als Urlaubs-
gerede auffassen. Man telefoniert ein paarmal, dann schläft
alles wieder ein. Es kann aber auch so ausgehen wie in
Loriots *Kosakenzipfel*-Sketch. Man trifft sich tatsächlich,
aber schnell wird klar, dass es sich mit den neuen Bekann-
ten ähnlich verhält wie mit dem aus Spanien mitgebrach-
ten Wein. Was bei Meeresrauschen und unter Pinien lieb-
lich anmutete, schmeckt in der Heimat muffig und fade:
zunächst ein harmloses Missverständnis; aber dann ergibt
ein aggressives Wort das andere, und im Nu mutiert die
Urlaubsfreundschaft zur erbitterten Feindschaft.
Ähnliches, nur möglicherweise folgenreicher, kann – die
zweifellos vorhandenen Zufälle in Gestalt des ›großen

Glücks‹ einmal ausgenommen – beim Urlaubsflirt entstehen. Hier nämlich wird noch dicker aufgetragen und gelogen – anfangs ahnt man ja noch nicht, dass die Affäre mit dem Abschiedskuss vor dem Hotel noch keineswegs zu Ende ist. Wenn beide daheim »im wirklichen Leben« mehr oder minder glücklich verheiratet sind, geht's ja noch. Aber was, wenn sie oder er die romantische Kurzgeschichte für das erste Kapitel einer »Never ending Lovestory« hält? Was, wenn sie ihrer vermeintlichen »großen Liebe« einen Überraschungsbesuch abstattet und die mittlere seiner drei Töchter die Tür öffnet?

Videobeweis

Eine nicht unbeträchtliche Anzahl deutscher Urlauber allerdings betrachtet selbst schönste Traumreisen nur unter einem Gesichtspunkt: »Wir brauchen Videos, Dias oder wenigstens Fotos. Die anderen sollen vor Neid zerplatzen.« Selbst im völligen Katastrophenfall – das »Beweismaterial« der Traumreise ist auf dem Flug verschwunden – ist noch nicht alles verloren: Internet-Portale wie *eBay* bieten ja heutzutage alles an, sogar getürkte Urlaubsbilder.

Und selbst wenn die echten Beweise unversehrt daheim gelandet sind, wird's für den Kreis der Freunde und Verwandten der reinste Stress: »Und das hier ist Manfred aus Bochum mit seiner lustigen Freundin. Die daneben sind Eric und Annika aus Lüneburg, die haben ein Sportartikelgeschäft, und ihr Junge hinten rechts ist sieben und will aufs Gymnasium. Nee, warte mal, mach noch mal zurück.« Für die armen Gäste ist es das nackte Grauen. Sie schauen verstohlen auf die Uhr und suchen fieberhaft nach einem Grund, sich alsbald verabschieden zu können.

Einmal mehr erweist sich das Bild *der* Deutschen als nicht gerade einheitlich. Es gibt eben, wie in jedem anderen Volk ja auch, »solche und solche«: Unter den Urlaubsdeutschen treffen wir Pingelige und Leichtfertige, Miesepeter und Stimmungskanonen, Gewissenhafte und Voreilige – und das nicht selten in Gestalt einer Person.

12. Zum Totlachen:
der deutsche Humor

Deutscher Humor ist, wenn man trotzdem nicht lacht.
Sigismund von Radecki. Schriftsteller (1891–1970)

Im Ausland gelten die Deutschen als humorlos, und ebenso empfinden die Deutschen ihre Landsleute auch. Der britische Video-Reporter Brian Melican sah sich den deutschen Humor einmal genau an und fand das Gegenteil heraus, nämlich, »dass ich in keinem anderen Land so viel lachen muss wie in Deutschland. Manchmal kommt es aber eben sehr trocken daher.« Zudem könne man viele deutsche Pointen wie etwa den Spruch »zum Lachen in den Keller gehen« zwar wörtlich übersetzen. »Doch schwingen im Englischen diese ganzen Konnotationen von Spießbürgertum und kleinstädtischer Humorlosigkeit einfach nicht mit.«[256]

Nun ist die Meinung darüber, was witzig ist, innerhalb gewisser Grenzen zwar Geschmackssache: Was den einen zum Wiehern und Schenkelklopfen animiert, ist dem anderen zu ordinär oder zu plump. Andererseits besteht beim Humor ein ähnliches Problem wie bei den Medien: *Öffentliche* und *veröffentlichte* Meinung dürfen nicht verwechselt werden – häufig genug haben beide nichts miteinander zu tun, man denke nur an die *Ganz Deutschland*-Kampagnen, die meist nur eine Minderheit interessieren. »Ganz Deutschland«, fragt sich bei Heidi Klums unfreiwilliger

Real-Satire *Germany's Next Top Model*, ob unter den Mädchen »meine schöne Nachbarin auch dabei« sei. »Oder vielleicht sogar meine Freundin ...«, wie *bild.de* am 26. Januar 2010 phantasierte.

Ähnlich groß ist auch der Unterschied zwischen dem Schund, der uns als Humor verkauft wird, und dem Humor der Deutschen. Zu der nahezu völlig humorfreien Klamauktruppe namens *Comedians* erübrigt sich an dieser Stelle jeder Kommentar. Wer über so etwas lacht, amüsiert sich auch über die Zeitansage. Wirklich witzig ist dagegen, dass infolge fehlender Pointen das Live-Publikum durch hochgehaltene Schilder erfährt, wann es in grölendes Gelächter auszubrechen hat. In vielen *Sitcoms* werden die Lachkrämpfe gleich hineingeschnitten – sonst käme selbst der verblödungswilligste Zuschauer nie drauf, dass da gerade etwas Witziges war.

Von wem beispielsweise könnte folgende Scherzfrage sein: »Wie heitert man einen gelangweilten Pharao auf? – Indem man eine Schiffsladung junger Frauen, die nur Netze anhaben, über den Nil schwimmen lässt – und den Pharao zum Angeln schickt ...«.[257] Mario Barth? Ingo Appelt? Markus Maria Profitlich? Knapp daneben: Sie stammt von den alten Ägyptern und wurde auf einem 4600 Jahre alten Papyrus gefunden. Der Ravensburger Neurologieprofessor Volker Faust, der das Thema Humor wissenschaftlich untersucht hat, meint dazu süffisant: »Für unser Verständnis vielleicht ein wenig flach, aber wir hatten ja auch Tausende von Jahren Zeit, uns in puncto Humor zu vervollkommnen.«[258]

Insofern kann man fremden Völkern keinen Vorwurf machen: Wer uns anhand des Humorangebots unseres Fernsehens beurteilt, muss uns zwangsläufig für anspruchslose, humorlose Deppen halten. Natürlich gibt es auch Lichtblicke, aber die sind nur Tropfenteile auf den überhitzten Stein – tumbe Quantität erschlägt Qualität. Aber das muss ja nicht so bleiben.

»Wer grundlos lacht, lacht am besten«, zitierte der verstorbene Satiriker Ephraim Kishon eine jüdische Volksweisheit.[259] Und der niederländische Philosoph Spinoza (1632–1677) wusste oder hoffte: »Der Mensch ist ein lachendes Lebewesen.« Für den Schauspieler Peter Ustinov war Lachen »die zivilisierteste Form menschlichen Geräuschs«, für Charlie Chaplin »ein Tag, an dem man nicht lacht, ein verlorener Tag«, Heinz Rühmann sah im Lächeln »das Kleingeld des Glücks«. Und Schauspielerkollege Paul Hörbiger fand: »Humor ist die Kunst, sich ohne Spiegel selbst ins Gesicht zu lachen.«

So weit die Theorie, der kaum jemand widersprechen wird. Aber wie steht's mit der Praxis?

Der Verhaltensforscher Konrad Lorenz warnte bereits typisch deutsch, »dass wir heute den Humor noch immer nicht ernst genug nehmen«, und der Schriftsteller und Theaterautor Curt Goetz sah unser Humorverständnis noch skeptischer und auf Schadenfreude ausgerichtet: »Unter Humor verstehen die meisten Menschen das Gelächter über Dinge, die einem anderen zugestoßen sind.«

Die Devise »Schadenfreude ist die schönste Freude« steckt sicherlich in fast jedem Menschen und ist meistens abhängig von der Person des Opfers. Wenn zum Beispiel jemand, der an der Börse durch reines Spielerglück ein Vermögen gewinnt, das Ganze mit altklugen Sprüchen als »pures Können« verkauft und im Nu wieder alles verliert, ist jene Schadenfreude ganz natürlich, die beim Oberschenkelhalsbruch einer 82-jährigen Seniorin kein normaler Mensch empfinden wird.

Witzeerzähler sind ein Witz

Nun gibt es einige wenige Mitbürger, die Humor mit dem zwanghaften und endlosen Erzählen von Witzen verwechseln. Wenn es sich dann – was meistens der Fall ist – um entweder steinalte, der aktuellen *Bild* entnommene und dazu schlecht erzählte Witzchen handelt, ist das Publikum genervt und das Vorurteil vom »deutschen Humor mit der Brechstange« bestätigt.

Wir alle kennen Redewendungen wie »Ein bisschen Spaß muss sein«, »Spaß beiseite« oder »Da hört aber der Spaß auf«. Die Berliner sind da noch direkter: »Jetzt ham wa jelacht, un jetzt is wieda jut.«

Was aber viel wichtiger ist, das sind die Inhalte. Auch wenn Witze auf Kosten anderer, vor allem von Minderheiten, nicht nur bei uns gemacht werden, macht das die Sache nicht besser. Vor allem in den sozial benachteiligten, aber auch in den geistig-moralisch verkommenen Schichten wird so etwas teils erschreckend gern gehört. Witze über Polen, Türken, Arbeitslose und auch schon wieder über Juden haben in manchen Kreisen Hochkonjunktur; und die sind ein anderes Kaliber als die über Ostfriesen oder Bayern: Hier wird blanker Hass in Witzform gekleidet, dort nimmt man andere Regionen nach dem Motto *Was sich liebt, das neckt sich* auf die Schippe. Dazwischen stehen die abgestandenen Frauenwitze eines Mario Barth, die schon vor 40 Jahren als uralt galten. Frauen können nicht einparken, gehen nur shoppen und fahren Hunderte von Kilometern für eine neue Handtasche, hahaha.

Was aber alle Witzformen gemeinsam haben, das ist die Tatsache, dass Witze als Ersatz für mutiges und offenes Vertreten der eigenen Meinung und der eigenen Interessen herhalten. Kaum ein Hauptschulabbrecher würde sich trauen, ernsthaft zu sagen, dass indische Ingenieure und vietnamesische Ärztinnen ihm den Arbeitsplatz wegnehmen, und die eifrigsten Erzähler von Blondinenwitzen sind zufällig gcrade jene Männer, deren Erfolg beim weiblichen Geschlecht sich in sehr engen Grenzen hält.

Nicht umsonst hat der politische Witz im Volk in Diktaturen Hochkonjunktur, und bei aller Unvergleichbarkeit hatten dies das Dritte Reich und die DDR gemeinsam.

So wagte es der unvergessene Werner Finck, von dem sich übrigens auch ein Dieter Hildebrandt die »Stotterei« abgeschaut hat, im Jahre 1935 im legendären Berliner Kabarett *Katakombe* einen Sketch mit dem Titel *Der Herrenschneider* zu spielen.

Schneider: »Womit kann ich dienen?«

Finck: »Jetzt spricht der auch schon vom Dienen … – ich möchte einen Anzug haben. Weil mir etwas im Anzug zu sein scheint …«

Schneider: »Schön …«

Finck: »Ob das schön ist … na ja … ich weiß nicht …«

Schneider: »Ich habe neuerdings eine Menge auf Lager.«

Finck: »Ja, aufs Lager wird wohl alles hinauslaufen …«

Schneider: »Darf's etwas Einheitliches oder etwas Gemustertes sein?«

Finck: »Einheitliches hat man ja jetzt schon genug – aber auf gar keinen Fall Musterung.«

Schneider: »Dann nehmen Sie doch mal bitte den rechten Arm hoch. (nimmt Maß) Jetzt mit geballter Faust bitte … 18/19 [Anspielung auf Spartakusaufstand] … 33 …

(Finck streckt die Hand wieder) [Anspielung auf ›Macht-ergreifung‹]
(Schneider macht sich Notizen, schaut hoch – Finck steht immer noch mit ausgestrecktem rechtem Arm da)
Schneider: »Ja warum nehmen Sie denn den Arm nicht herunter? Was soll denn das heißen?«
Finck: »Aufgehobene Rechte.«[260]

»Das Publikum brüllte vor Lachen«, erzählt Chronistin Elke Reinhard. »Werner Finck und seine Kollegen kamen ins KZ Esterwegen. Finck zunächst zur Gestapo zum Verhör, wo ihn erst einmal ein SS-Mann abtastete und anraunzte: ›Haben Sie Waffen?‹ Darauf Finck: ›Nee. Braucht man hier welche?‹ Nach ein paar Wochen KZ kam Finck vor Gericht, wo er vor der Richterbank den Sketch nachspielen musste. Die Pointe versemmelte er – er sagte: ›Erhobene Rechte.‹ Woraufhin ihn der Richter verbesserte: ›Aufgehobene Rechte!‹ Darauf Finck: ›Das haben Sie gesagt, Herr Richter.‹«[261]
Eine ähnliche Hochkonjunktur der Witze gegen die Obrigkeit als Ausdruck der Ohnmacht hat auch der als Sammler von Witzen und Sprüchen aus der Ex-DDR bekannte ostdeutsche Schriftsteller Ernst Röhl beobachtet.

Man hat's, oder man hat's nicht

Nun ist der Normalbürger kein Witzeerzähler. Sein Humor zeigt sich in der spontanen Reaktion, in der bewusst gelebten und kommentierten Situationskomik, wenn zum Beispiel eine Frau versehentlich einen Mann anrempelt, woraufhin er seinen Becher Kaffee über seinen Anzug verschüttet. »Verdammt«, faucht er. »Ich sehe aus wie ein Schwein.« Darauf sie: »Stimmt. Und außerdem haben Sie sich noch Ihren Anzug bekleckert.« Falsch verstandene Höflichkeit kann ebenfalls fatal-komische Folgen haben. Lobt man etwa ein scheußliches Essen der Gastgeber zu überschwenglich, erhält man glatt noch einen Nachschlag.

Grundsätzlich gilt die Faustregel: »Wie man in den Wald hineinruft, so schallt es heraus.«

Freundlichkeit und echter Humor nämlich sind wie siamesische Zwillinge. Zwischen »Das ist ja wohl der Gipfel!« und »Kann ja jedem mal passieren« liegen Welten. Und wer noch über seine Sinnesorgane und seinen Verstand halbwegs verfügt, wird sehr schnell feststellen, dass die humorlosen »Kotzbrocken« zwar lauter und penetranter, aber deswegen noch keineswegs in der Mehrheit sind.

Humor jedenfalls kann man nicht an der *Witzakademie* lernen – ein solches ARD-Produkt mit dem Nachkriegs-Clown Theo Lingen als Moderator gab es von 1967 bis 1968 tatsächlich –, man hat Humor, oder man hat ihn nicht. Einige Mitbürger lernen zwar im Laufe der Jahre, dass es nichts bringt, sich »über jeden Mist aufzuregen« und sich über alles Mögliche lustig zu machen, aber auch das ist eher Resignation mit einer Prise Duckmäuserei als echter Humor.

»I make you on« –
Anmacherrituale der geistigen Kelleretage

Seriöse Umfragen ergeben, dass steindumme »Schönheit« beim anderen Geschlecht weniger gut ankommt als Witz und Humor. Natürlich träumen manche Hilfsschüler und Psychiatrie-Dauergäste von den »Topmodels« und Schwarzeneggers – aber auch das nur bis zum ersten Date, das natürlich nie stattfindet. Geistig gesunde Menschen dagegen schätzen am Partner den Humor: Gemeinsam lachen zu können wird als viel erotischer empfunden, als wenn menschliche Halbaffen den Hosenstall öffnen oder Frauen mit Amöben-IQ nach dem Motto *Du Tarzan, ich Jane* ihr Kleid abstreifen.

Das wiederum ist auch eine Generations- und Charakterfrage. Eine für die Nachkriegs-Lustgreise vernichtende Persiflage lieferte die Austria-Band *Erste Allgemeine Verunsicherung* im Jahre 1987 ab: »Küss die Hand, schöne Frau, Ihre Augen san so blau!«: Besser hätten in den 1940er Jahren die 60-jährigen Lustmolche Marke »Kavalier der alten Schule« auch nicht um die 18-jährigen Mädchen buhlen können. Allerdings sind heutige spätpubertierende Grauhaardackel auch nicht origineller. Hier einige, nicht zur Nachahmung empfohlene, Beispiele:

- Hey, ich hab meine Telefonnummer verloren, leihst du mir deine?
- Sei anders als die anderen: Sag »ja«!
- Du musst der wahre Grund für die globale Erderwärmung sein.
- Glaubst du an Liebe auf den ersten Blick, oder muss ich noch einmal an dir vorbeigehen?

• Du siehst meiner vierten Freundin ähnlich. – Wie viele hattest du denn schon? – Drei.

Da lobt man sich doch das *Misserfolgsgeheimnis* eines Otto Waalkes: »Gnädige Frau, Sie haben so eine gewisse frauliche Würde. Apropos Würde: Würde es Ihnen was ausmachen, mit mir nach Hause zu kommen? ... Das hier ist also meine Wohnung. Hier möchte ich nie wieder ausziehen. Apropos ausziehen: Wollen wir uns nicht ausziehen?«
Solche Sprüche wirken allerdings nur bei bestimmten Typen. Andere machen sich damit lächerlich. Ein Roland Pofalla zum Beispiel hätte sich für diese Bemerkung vermutlich eine Ohrfeige oder wenigstens einen Lachkrampf eingefangen. Die Faustregel auch in Sachen Humor lautet: Jeder sollte *authentisch* bleiben, also so bleiben, wie er ist, anstatt andere Figuren krampfhaft nachzuahmen. Hätten Johannes Heesters und Humphrey Bogart die Rollen getauscht, wüssten wir vermutlich heute nicht einmal ihre Namen.

13. Deutschland, einig Vaterland

Das Hauptproblem des von Willy Brandt beschworenen »Zusammenwachsens« von Ost und West ist, dass leider nicht Normalos beider Staaten aufeinandertrafen.

So kann man wohl schwerlich sagen, dass der Durchschnittswessi ein wegen Betrugs vorbestrafter Versicherungsdrücker und Autoschrotthändler oder ein Zuhälter mit Videothek ist. Aber gerade dieser Abschaum fiel in den Osten ein wie eine Heuschreckenplage.

Umgekehrt wurden liebenswerte Mitbürger wie Angela Merkel und Günther Krause bundesdeutsche Minister. Die eine wurde die vom ganzen deutschen Volk in Sprechchören begeistert gefeierte Kanzlerin, der andere, Krause, musste im Jahre 2001 einen Offenbarungseid leisten. Er wurde am 23. Dezember 2002 vom Landgericht Rostock wegen Untreue, Betrug und Steuerhinterziehung zu einer Haftstrafe von 3 Jahren und 9 Monaten verurteilt. Dieses Urteil wurde am 7. Juli 2004 vom Bundesgerichtshof aufgrund von Verjährung teilweise eingestellt sowie in den restlichen Anklagepunkten aufgehoben und zur erneuten Verhandlung an das Landgericht zurückverwiesen. Dort wurde er am 30. Oktober 2007 zu einer Freiheitsstrafe von 14 Monaten auf Bewährung verurteilt. Krause hat sich nach dem Urteil des Gerichts Bankrottdelikten in vier Fällen und der Insolvenzverschleppung schuldig gemacht und bei der Führung seiner Firma Aufbau Invest GmbH in die Insolvenz seine Mitarbeiter um ihren Lohn betrogen. Dagegen legte er Revision beim Bundesgerichtshof ein, was ihm eine weitere Minderung der Strafe auf letztlich neun Monate einbrachte.[262]

Das spricht für unseren Rechtsstaat: Sogar die Krauses dieser Welt erhalten eine neue Chance – wozu auch immer. Eine Heiligsprechung als Unschuld vom Lande durch die katholische Kirche erfolgte allerdings bislang noch nicht, schon allein deswegen, weil Krause nicht vom Lande kommt.

Schon unmittelbar nach der Wende war der größte deutsche Gegensatz nicht der zwischen Ost und West, sondern der zwischen Arm und Reich: Ost-Berliner hatten von Anfang mehr mit West-Berlinern gemeinsam als mit Sachsen. Die Besonderheiten der »Ostvölker« gleichen denen der Bayern, Friesen, Rheinländer, Westfalen oder Schwaben – keine Region ohne irgendetwas »Typisches«. Deshalb ist die Überbetonung des »Zusammenwachsens« von Ost und West irreführend und wird von der Politik oft unter dem Aspekt »Teile und herrsche« verwendet.

In Wahrheit sind Ossis und Wessis – das gemeine Volk und nicht die Wirtschaftsverbrecher – schon mehr zusammengewachsen, als es manchen lieb sein dürfte. Natürlich erkennt der Ossi den Wessi am Ausdruck »2-*Zimmer*-Wohnung« statt der im Osten üblichen »2-*Raum*-Wohnung«. Aber ansonsten wird es schon schwierig mit der Bestätigung tumber Vorurteile: Ossis im Maserati und Wessis mit Bettelhut am Straßenrand, Ossis als CDU-Karrieristen und Wessis in der Linkspartei.

Tatsächlich werden Ossis und Wessis einander noch ähnlicher, als sie es für den aufmerksamen Betrachter ohnehin schon immer waren.

So ging es beispielsweise zwischen Rostock und Riesa um die *goldene Hausnummer* für besonders sorgfältige Pflege von Wohnhaus und Umfeld, zwischen Ratzeburg und Rosenheim kümmerte man sich auch ohne besondere

Auszeichnung ebenfalls um ein ansprechendes Äußeres des eigenen Lebensmittelpunktes. Dass man ein und dieselben Backwaren *Brötchen, Semmeln, Schrippen* oder *Weckle* nennt, macht jedenfalls die – zumindest rhetorische – Vielfalt dieses Landes aus und hat mit unterschiedlichen Kulturkreisen nichts zu tun.

Ist man sich erst einmal der Tatsache bewusst, dass Vielfalt eine Bereicherung darstellt und keine Bedrohung, so lässt sich anstelle hirnverbrannter, uninformierter »Leitkultur« die Vielfalt der Sitten und Gebräuche, Geschmäcker und Charaktere innerhalb eines Volkes anerkennen und bewahren.

Insofern beraubt und betrügt sich das braune Gesocks selbst. Hätten sich nämlich unsere Vorfahren auch an die hohlköpfige Logik gehalten, »mein Urgroßvater konnte auch nicht lesen und schreiben und hat es trotzdem zu etwas gebracht«, dann würden wir heute noch auf Bäumen hocken und uns von Ast zu Ast schwingen.

Natürlich isst man bei uns mehr Schweinesülze als in der Türkei, aber auch genügend Deutschen wird beim bloßen Gedanken an die glibberige Kalorienbombe schlecht. Ob Verdienst der Achtundsechziger oder Sieg der Toleranz: Die Zeiten der Stereotype, in denen »die deutsche Frau« und »der deutsche Mann« in puncto Nahrung, Kleidung, Wohnungseinrichtung, Familie, Sexualität, Kultur und Freizeit den Klischees irgendwelcher behandlungsbedürftiger und verklemmter Existenzen zu entsprechen hatten, sind trotz verzweifelter Versuche der Ewiggestrigen vorbei.

Teil VII
Der Wert der Werte

Papier ist geduldig, sagt man, und so unterscheidet sich die Verfassung der DDR gar nicht so sehr vom Grundgesetz der Bundesrepublik Deutschland. Insbesondere der viertelgebildete Nachwuchs nicht nur von Union und FDP – »ich kann zwar nix, will aber trotzdem Karriere machen« – hält Teile unseres Grundgesetzes für üble stalinistische Hetze aus der DDR-Verfassung. *Eigentum verpflichtet* ist aber kein Machwerk der »bolschewistischen Untermenschen«, sondern in den Artikeln 14 und 15 unseres Grundgesetzes verankert. Nun gehört es zu den Stärken unserer Demokratie, dass sie unterschiedliche Meinungen nicht nur aushält, sondern sogar erfordert. Andererseits ist pure Unwissenheit noch keine Meinungsäußerung.

1. Zwei plus zwei ist fünf

»Zwei plus zwei ist fünf«, kann man im Rahmen der Meinungsfreiheit zwar vertreten, ebenso wie die Thesen des Neoliberalismus, nur wird offensichtlicher Schwachsinn dadurch nicht richtiger. Und in einem Land, das sich einen Mittelklassejuristen als Finanzminister leistet, werden womöglich demnächst Archäologen Herztransplantationen durchführen und Grundschullehrer Hochhäuser konstruieren.

Eine Verfassung taugt nur so viel, wie sie von der Bevölkerung mit Leben erfüllt, also *gelebt* wird. Das krasseste Beispiel dürfte die EU-Verfassung sein. Kaum einer unserer Mitbürger weiß, was da eigentlich drinsteht. Und im – eklatanten und insofern schon wieder witzigen – Widerspruch zu all dem Globalisierungsgeschwafel finden wir im EU-Parlament nicht etwa die Besten der Besten, sondern die dritte und vierte Garnitur unserer Parteien, deren erste Garnitur schon keinen Bürger vom Hocker reißt.

Warum zum Beispiel trieb sich der Fachhochschulpädagoge und heutige Grünen-Chef Cem Özdemir von 2004 bis 2009 im EU-Parlament herum? Ganz einfach: weil er im Jahre 2002 gleich zwei Skandale am Hals hatte. Zum einen war er in die Bonusmeilenaffäre verstrickt – Abgeordnete hatten ihre als Volksvertreter angesammelten Gutschriften der *Lufthansa* für Privatreisen genutzt –, zum anderen hatte er beim Unternehmensberater Moritz Hunzinger einen Kredit aufgenommen, um seine Steuerschulden zu bezahlen.[263]

Würde der Fußballbundestrainer Joachim Löw die Nationalmannschaft nach ähnlichen Kriterien besetzen wie die

Parteien die EU-Posten, dann hätte bei der WM in Südafrika die C-Jugend der Neuköllner Sportfreunde für Deutschland gespielt. Wer also das vereinte EU-Europa zur Staatsform der Zukunft erklärt und gleichzeitig in die EU-Volksvertretung Leute schickt, die selbst gutwilligen und politisch interessierten Mitbürgern völlig unbekannt sind, der praktiziert keine Demokratie, sondern verhöhnt sie.

Mit den *Grundwerten* einer Gesellschaft ist es wie mit dem Fitness-Training. Es ist ja schön und gut, darüber zu reden, aber gesund für den Körper sind nur die Übungen selbst.

> Es gibt nichts Gutes, außer man tut es.
>
> Erich Kästner

Dass »nichts so bleibt, wie es war« (Hannes Wader), ist eine der banalsten Erkenntnisse der Menschheit. Dabei hat die Angst vor Neuem nicht nur, aber auch mit der jeweiligen Intelligenz zu tun. Hätte der Genueser *Cristoforo Colombo* nicht Ende des 15. Jahrhunderts Amerika entdeckt und etwa zeitgleich sein Kollege Vasco da Gama den Seeweg nach Indien gefunden, so wäre der Rest der Menschheit sicher um einiges ärmer gewesen. Heute haben sich PC samt Internet und E-Mail weltweit durchgesetzt, und dass diese wie jegliche Neuerung einigen geistig schwerfälligen Leuten nicht gefällt – was macht das schon? Hätten diese liebenswerten Mitbürger sich durchgesetzt, würden wir uns heute noch Briefe schreiben, indem wir Hieroglyphen in Stein meißeln.

Was aber nach wie vor fehlt, ist die globale Demokratie. Dies freilich ist sehr leicht gesagt. Denn die Superreichen zum Beispiel empfinden es als geschmacklos, wenn man sie zwischen Krabbensalat, Hummercocktail und rosa gebratenem Rehrücken auf Trüffelrisotto an die Hungertoten in der Welt erinnert. Aber man sollte die Geduld der ehrlichen Menschen nicht überstrapazieren. In Frankreich landete die dekadente Oberschicht an der Guillotine. Gut, dass wir einen Rechtsstaat haben.

> Wenn sie kein Brot haben, dann sollen sie doch Kuchen essen.
>
> Marie-Antoinette über die Armen

Nun eignen sich Werte einer Gesellschaft ausgezeichnet als Thema für verlogene oder im günstigen Fall »nur« sprechblasige Sonntagsreden, nach dem Motto »Die Basis ist das Fundament jeder Grundlage«. Das Ergebnis lässt sich mit Buchtiteln wie *Der Ehrliche ist der Dumme* von Ulrich Wickert oder mit Volksweisheiten wie *Wer's glaubt, wird selig* beschreiben.

In einer Königinnen-Pastete ist aber bekanntlich keine Königin drin, vieles als »christlich« Verkündete hat mit dem Neuen Testament nichts zu tun, und *deutsche Leitkultur* ist für einige nur ein Codewort für Rechtsradikalismus.

Das eigentliche Problem ist der sogenannte *Klassenwiderspruch* zwischen Arm und Reich. Und solange sich die Superreichen und Mächtigen ihre Cohiba-Zigarren mit Hundert-Euro-Scheinen anzünden, während andere Menschen verhungern, so lange wird sich dieser Konflikt verschärfen. Und man muss weder Marxist noch Prophet sein, um zu sagen, dass dies auf Dauer nicht gutgehen kann.

Auch wenn der Vergleich mit dem Zerfall des Römischen Reichs noch verfrüht ist: Das Leistungsprinzip und das damit verbundene Gerechtigkeitsempfinden gab es sogar schon in der Antike. War ein besonderes Verdienst erkennbar – ob an der Front oder in der Politik –, so wurden höhere Stellung und Einkommen der Betreffenden akzeptiert.

Nicht anders ist es heute: Kein geistig halbwegs gesunder Mensch würde behaupten, die Leistung einer Marie Curie oder eines Bill Gates würde er am Vormittag mit links erledigen, ebenso wird niemand bestreiten, dass Boris Becker oder Franz Beckenbauer den Menschen sehr viel Freude bereitet haben und daher »ihr Geld wert« waren – was man vom Großteil des Politestablishments nicht unbedingt sagen kann: Die Politiker-Verdrossenheit kommt ja nicht von ungefähr, und wenn die CDU in Gestalt ihres Meinungsführers und Bundestagsabgeordneten Philipp Missfelder die Auffassung äußert: »Ich halte nichts davon, wenn 85-Jährige noch künstliche Hüftgelenke auf Kosten der Solidargemeinschaft bekommen«, früher seien die Leute schließlich auch auf Krücken gelaufen[264] – wenn also dieses Gedankengut von der Union systematisch unter die Leute gebracht wird, braucht man sich nicht zu wundern, wenn sich anständige Menschen ihr eigenes Urteil über die christlichen Parteien bilden, und zwar ein für alle Mal.

Der große Schriftsteller und Literaturnobelpreisträger Heinrich Böll hatte stets die Verlogenheitselite des rheinischen Katholizismus im Visier – die *Pharisäer* also. Wirklich schlimm wird es, wenn Heuchelei zur Charaktereigenschaft wird. Natürlich waren die meisten Bundesbürger zur Zeit der Hitlerdiktatur nicht auf der Welt – Helmut

Kohl nannte es einmal die »Gnade der späten Geburt«. Andererseits ist ein Großteil der Erben nicht einmal auf die Idee gekommen, auf etwas zu verzichten, was ihre Vorfahren im Dritten Reich auf Kosten von Millionen Menschenleben erworben haben.

Und in diesem verqueren Sinne scheint sich der Verlust der Werte fortzupflanzen. Viele der Milliardenerben würden es unter normalen Umständen kaum zu Supermarktkassierern oder Bauhilfsarbeitern bringen, haben aber einen ererbten oder erheirateten Einfluss auf unsere Gesellschaft. Hier wird nicht nur die zweifellos diskussionswürdige Idee der Leistungsgesellschaft auf den Kopf gestellt, sondern auch der *Wert der Werte* pervertiert. Wenn Gigolos mal so nebenbei fünf Millionen Euro bei einer Milliarden-Erbin abgreifen und ein Kindermädchen durch Heirat zu einer der reichsten und einflussreichsten Frauen Deutschlands wird, wieso sollen die ehrlichen Normalbürger dann noch hart arbeiten – zumal ihnen Figuren wie der Bochumer Ruhrpott-Politiker Missfelder dann noch indirekt zu verstehen geben, sie sollten doch bitte nicht ewig leben oder ihren Lebensabend auf Krücken genießen.

Ethische Werte sind im Regelfall nicht erlernbar. Während der eine es für selbstverständlich hält, einer gestürzten Seniorin auf die Beine und dann über die Straße zu helfen, halten viele Neoliberale diese Art von Mitgefühl für »irrational«. So sagt eine absolute Lichtgestalt der deutschen Politik, Roland Koch, im mutmaßlichen Vollbesitz seiner geistigen Kräfte über hemmungslosen Egoismus und vorgetäuschtes, wahlkampfbedingtes Mitgefühl: »Wir dürfen diese Begriffe auch nicht gegeneinander ausspielen, wie etwa mit dem Slogan ›Solidarität statt Ellenbogen‹ geschehen. Vielmehr bedingen diese Begriffe einander … liegt es auf der Hand, dass eine leistungsfähige Soziale Marktwirtschaft ohne sie nicht fähig wäre.«[265]

Nun besteht ein Volk mehrheitlich aus leibhaftigen Menschen, und die Reichen und Superreichen sind in der Minderheit. Noch genauer: Diese Herrschaften erzielen ja ihr leistungsloses Einkommen nur deshalb, weil anständige Menschen es erarbeiten. Der Anruf eines Millionenerben bei seinem Finanzberater steigert nicht das Bruttosozialprodukt, die Zwölfstundenschicht eines Stahlarbeiters dagegen schon. Häufig wird in diesem Zusammenhang den ehrlichen Menschen »Sozialneid« unterstellt. Aber nach dieser Logik könnte man den Normalbürgern vorwerfen, sie wären auf Bankräuber, Wirtschaftsverbrecher und Kidnapper »nur neidisch«.

Wollen wir also unsere Gesellschaft in Richtung Menschenwürde verändern, so müssen wir den Menschen nicht nur das Gefühl, sondern auch die Sicherheit vermitteln, gerecht behandelt zu werden. Wer stattdessen dank einer Erbschaft sein gesamtes Leben zwischen Swimmingpool, Hochseeyacht und Edelbordell verbringt, untergräbt und zerstört letztlich alle Überlegungen über den kleinsten gemeinsamen Nenner unserer Gesellschaft – also die Werte.

Dass die Reichen immer reicher und die Armen immer ärmer werden, ist eben keine bösartige kommunistische Verleumdung von Karl Marx, sondern in allen seriösen Statistiken dieser Welt nachzulesen, ebenso, dass diese Entwicklung nicht das mindeste mit eigener Arbeit zu tun hat, sondern mit Kapitalbesitz und den daraus üppig sprießenden Dividenden, Zinsen und Zinseszinsen.

Wenn also die Bürger die Ahnung beschleicht und die Ahnung sich zur Gewissheit verdichtet, dass die Ehrlichen die

Dummen sind und die Dummdreisten sich auf ihre Kosten ein schönes Leben machen, dann dürfte dies früher oder später verhängnisvoll werden. Wieso sollten eine Tischlerin, ein Gebäudereiniger oder eine Kosmetikerin »ehrliche Arbeit zu fairen Preisen« abliefern und brav ihre Steuern zahlen, wenn sich gewisse Kreise in einem Maße illegal bereichern, dass es sogar erfahrenen Kripobeamten schwindlig werden müsste? Die wilde Panik, die einige Mitbürger bei Bekanntwerden von Steuersünderkarteien ergreift, sagt in dieser Hinsicht mehr als tausend Leitartikel. Da ist plötzlich von Demokratie und Grundrechten die Rede, die bei Debatten über die Folterquartiere Guantánamo und Abu Ghraib bestenfalls zögerlich erwähnt werden.

Nun heißt aber Demokratie nicht Diktatur der Unverschämten, sondern *Volksherrschaft,* und der Begriff stammt nicht von Stalin, sondern aus dem Griechischen. Die Vokabel *Demos* bedeutet *Volk* und hat nichts mit *dämlich* zu tun – obwohl man auf diese Idee durchaus kommen könnte.

Wie aber erfüllt man Demokratie mit Leben? Eines der überstrapazierten Zauberworte heißt *direkte Demokratie,* die allerdings die Reichen und Mächtigen fürchten wie der Teufel das Weihwasser – man denke nur an die Entscheidungsprozesse zur EU-Verfassung oder seinerzeit zur Einführung des Euro. Nun mag es ja sein, dass das Volk in seiner Gesamtheit »die Weisheit nicht mit Löffeln gefressen« hat. Aber dass finanzpolitische Laien wie Lehrer oder Juristen besser als jeder andere Laie wissen, was das Beste für Deutschland ist, sei dahingestellt.

Direkte Demokratie – und vielleicht ist das ohnehin die echte Mit- oder Selbstbestimmung des Volkes – findet derzeit außerparlamentarisch statt, man denke nur an die

Umweltdemonstrationen oder die Friedensbewegung, von der Frauenbewegung und den Achtundsechzigern gar nicht zu reden. Und hier hatten und haben selbst die Gossenmedien keine Chance. Auch der Hinweis auf Unvollkommenheit und Verfehlungen geht dabei ins Leere. Schließlich hat sich die Menschheit insgesamt über Millionen Jahre hinweg mühsam in Richtung Zivilisation hochgekrabbelt, und schwarze Schäflein gibt es überall.

Insofern trifft der interfamiliäre Rüffel des *WamS*-Kommentarchefs Alan Posener im doppelten Wortsinn ins Schwarze: Im Mai 2007 verteidigte der Ex-Maoist in seinem Weblog die *Generation Dutschke* gegen Anwürfe des *Bild*-Chefredakteurs Kai Dieckmann: »Die Achtundsechziger zwingen ihn noch heute, täglich auf der Seite 1 eine Wichsvorlage abzudrucken, und überhaupt auf fast allen Seiten die niedrigsten Instinkte der *Bild*-Leser zu bedienen.« Und auch über die Aufstiegschancen bei *Bild* nahm er kein Blatt vor den Mund: »Wenn man ein bisschen zynisch ist, auf miniberockte Vorzimmermiezen großen, auf Ernsthaftigkeit eher weniger Wert legt, kann man dort Karriere machen«.[266]

Wollen wir also Ernst machen mit der Verwirklichung unseres Grundgesetzes, so sollten wir uns daran halten. Es verspricht nämlich entgegen der Ansicht mancher neoliberaler Selbstbereicherungsparteien keine »DDR ohne Mauer« und auch nicht das Recht des Menschen auf Habgier und Selbstbereicherung auf Kosten anderer, sondern nur, und zwar im Artikel 1: »Die Würde des Menschen ist unantastbar, sie zu achten und zu schützen ist Verpflichtung aller staatlichen Gewalt.«

»Hotelunternehmer spendete FDP 1,1 Millionen Euro«, meldete nicht etwa die *Aktuelle Kamera* des DDR-Fernsehens, sondern am 17. Januar 2010 die *Tagesschau*. Die Medien waren sich einig: Plumper kann Korruption kaum noch sein. Kurz nach der Spende hatten sich Union und FDP im Koalitionsvertrag geeinigt, den Mehrwertsteuersatz für Hotelübernachtungen von 19 auf 7 Prozent zu senken.[267]

Und ebenso unvergessen im Gedächtnis und in dem Herzen der Bürger sollte bleiben, dass der FDP-Leitwolf Otto Graf Lambsdorff am 17. Februar 1987 wegen Steuerhinterziehung rechtskräftig verurteilt wurde, woraufhin ihn seine Partei wie einen Volkshelden feierte und ihn im Jahre 1993 zum Ehrenvorsitzenden machte.

2. Demokratie lebt man

Obwohl die weitaus meisten Deutschen die – wie Helmut Kohl es nannte – »Gnade der späten Geburt« erlebten, wirkt das schwarz-braune Erbe noch heute nach, wie an einigen Beispielen gezeigt wurde.

Als Richard von Weizsäcker es am 8. Mai 1985 wagte, vom Ende der NSDAP-Diktatur als *Befreiung* zu sprechen, war das Geschrei groß, und der braune Mob hätte ihn am liebsten am nächsten Baum aufgehängt.

Jedes Volk und erst recht jede Demokratie lebt von der Vielfalt der Meinungen, nur sollten sie auf einem Grundkonsens beruhen. Diese gemeinsame Meinung über unser künftiges Leben herzstellen, ist eine Aufgabe für die Zukunft und, wenn wir realistisch sind, für die Generationen nach uns. Insofern bietet das EU-Europa in seiner heutigen Form nicht einmal den Hauch einer Perspektive. Solange den legalen Wirtschaftsverbrechern von ihren Lakaien in der Politik haufenweise Bundesverdienstkreuze an die Brust geheftet werden, so lange wird sich bei uns nichts ändern – jedenfalls nicht zum Besseren.

Andererseits gilt: *Wo Unterdrückung ist, da ist auch Widerstand.* Und dass der auch gewaltfrei erfolgreich sein kann, hat der unvergleichliche Mohandas Karamchand Gandhi eindrucksvoll bewiesen.

3. Die Nationalhymne

Ein Symbol des ehrlichen Neuanfangs nach Kriegsende wäre gewesen, sich auch eine neue Nationalhymne zuzulegen. Im Jahre 1950 schrieb Bertolt Brecht ein Gedicht, das Hanns Eisler noch im selben Jahr vertonte[768] und das als *Kinderhymne* in das Gedächtnis aller zivilisierten Deutschen einging. Sie war eines von sechs Liedern aus einem Kinderliedzyklus, der Brecht und Eisler nach längerer Pause wieder zusammenbrachte, und wurde erstmals im Heft 6/1950 der Zeitschrift *Sinn und Form* veröffentlicht.

Anmut sparet nicht noch Mühe
Leidenschaft nicht noch Verstand
Dass ein gutes Deutschland blühe
Wie ein andres gutes Land.

Dass die Völker nicht erbleichen
Wie vor einer Räuberin
Sondern ihre Hände reichen
Uns wie andern Völkern hin.

Und nicht über und nicht unter
Andern Völkern wolln wir sein
Von der See bis zu den Alpen
Von der Oder bis zum Rhein.

Und weil wir dies Land verbessern
Lieben und beschirmen wir's
Und das liebste mag's uns scheinen
So wie andern Völkern ihrs.[269]

Anlass zur Brechtschen Dichtung, die zunächst *Hymne/Fest-lied* hieß, war der Streit in der Bundesrepublik um die Beibehaltung des *Liedes der Deutschen* als Nationalhymne. Brecht schrieb seine Hymne bewusst als Gegenstück zu der aus dem Dritten Reich, da die für ihn durch den National-sozialismus moralisch erledigt war.

Nicht zu übersehen sind die Anspielungen auf das Deutsch-landlied (beispielsweise *Von der Maas bis an die Memel, von der Etsch bis an den Belt – Von der See bis zu den Alpen, von der Oder bis zum Rhein*). Zudem entspricht das Versmaß der *Kinderhymne* exakt dem des Deutschlandliedes und nahezu dem der Nationalhymne der DDR. Alle drei Texte können daher auch auf die Melodien der jeweils anderen gesungen werden.

Bis zum 6. Mai 1952 war die Bundesrepublik ohne Natio-nalhymne, mit der Folge, dass zum Beispiel bei einem deutsch-belgischen Fußballspiel in Köln nach der belgi-schen Hymne der Karnevalsschlager »Wir sind die Einge-borenen von Trizonesien« gespielt wurde; Kanzler Konrad Adenauer selbst wurde bei einem Staatsbesuch in Chicago mit »Heidewitzka, Herr Kapitän« empfangen.

Auch wenn es hundertmal abgestritten wird: Dass die dritte Strophe eines Liedes Nationalhymne wurde, das es auch schon unter Hitler war und auch nicht in einer Volksabstimmung, sondern vom Bundespräsidenten Theo-dor Heuss bestimmt wurde und dessen erste Strophe zu Recht nicht gesungen werden darf, hat einen Hauptgrund: Man wollte den natürlich noch immer faschistisch ver-seuchten Mob nicht vergrätzen – siehe den erwähnten Auftritt des damaligen Starreporters Rudi Michel, der nach dem WM-Sieg im Berner Stadion sogar die erste Strophe mitgrölte.

Nach Vollzug der deutschen Einheit legte Bundespräsident Richard von Weizsäcker am 19. August 1991 in einem Brief an Kanzler Helmut Kohl fest, »dass die dritte Strophe des Liedes der Deutschen von Hoffmann von Fallersleben[270] mit der Melodie von Joseph Haydn[271] ... die Nationalhymne für das deutsche Volk« ist, zumal sie »die Werte verbindlich zum Ausdruck [bringt], denen wir uns als Deutsche, als Europäer und als Teil der Völkergemeinschaft verpflichtet fühlen.«[272]

Andererseits ist die *Kinderhymne* auch ein Gegenstück zu Johannes R. Bechers Text der Nationalhymne der DDR *(Auferstanden aus Ruinen),* der im Auftrag der SED im Oktober 1949 entstanden war. Brechts Text stellt – trotz einiger inhaltlicher Bezugnahmen – den pathetischen Formulierungen Bechers eine einfache, wenn auch präzise gewählte Ausdrucksweise gegenüber.

Der Politikwissenschaftler Iring Fetscher urteilte über die *Kinderhymne:* »*... es gibt wohl keine Hymne, die die Liebe zum eigenen Land so schön, so rational, so kritisch begründet, und keine, die mit so versöhnlichen Zeilen endet.*«[273]

In der Zeit der Wiedervereinigung 1990 setzten sich einige Bürgerinitiativen und verschiedene Medien für die *Kinderhymne* als neue deutsche Nationalhymne ein. Stefan Heym zitierte sie zur feierlichen Eröffnung des 13. Deutschen Bundestages im November 1994. Auch Peter Sodann sprach sich, kurz nachdem er von der Linkspartei zur Wahl 2009 für das Amt des Bundespräsidenten nominiert worden war, für die *Kinderhymne* als deutsche Nationalhymne aus – was ihm einigen Spott einbrachte.

Nun leben wir in einer Demokratie, in der sich jeder über alles lustig machen kann. Die Frage ist allerdings, ob Führungskräfte eines Landes, dessen Soldaten in einem fremden Staat mit Totenschädeln posieren und zur Empörung sogar der eigenen NATO-Verbündeten knapp 150 Zivilisten in den Tod bombardieren und das Millionen Kriegstote auf dem Gewissen hat, sich überhaupt über Andersdenkende lustig machen sollten. Dass moralische Verkommenheit mit der Ausrede entschuldigt wird, die Eliten seien ja auch nur »normale Menschen«, ist eine Frechheit. Normale Menschen nämlich bestehlen weder die Allgemeinheit mit Bonusmeilen, noch haben sie Schweizer Schwarzgeldkonten. Sie kassieren auch keine »Parteispenden«, um im Gegenzug den Spender extrem zu begünstigen.

»Neue Männer braucht das Land«, sang die Liedermacherin Ina Deter im Jahre 1982. »Neue Eliten und neue Politikerinnen und Politiker auch«, könnte man achtundzwanzig Jahre später ergänzen. Dies freilich sagt sich leicht; Gleiches gilt für die Forderung nach einer »nationalen Identität«. Börsenzocker und Baulöwen sitzen mit Arbeitslosen und Alleinerziehenden eben nicht »in einem Boot« – daran kann auch keine noch so euphorische Fußballkameraderie etwas ändern.

Das eigentliche Problem ist das Auseinanderdriften von Arm und Reich. Während es den Gewinnern hier prächtig gefällt und sie dieses Wohlgefühl als »Nationalgefühl« ausgeben, denken die Verlierer ganz anders darüber. Einige wenige driften ab in den dumpfen »Stolz, ein Deutscher zu sein«.

Über kurz oder lang wird also den Reichen und ihren Politikern nichts anderes übrigbleiben, als ein Minimum an Sozialstaat wiederherzustellen – und zwar weltweit.

Denn einerseits scheinen die Menschen zur Solidarität eher zu neigen als zu skrupellosem Egoismus, andererseits lassen sie sich auch nicht gern für dumm verkaufen.

Dies immer im Hinterkopf zu haben und an einer Gesellschaft zu arbeiten, die allgemein als sozial gerecht empfunden wird, ist Aufgabe der Politik: Nur so können *Einigkeit und Recht und Freiheit* mit Leben erfüllt werden.

Danksagung

Mein herzliches Dankeschön für ebenso befruchtende wie erbauliche Mitarbeit durch Diskussionen, Hinweise und Ratschläge gilt besonders Holger Keller, Helge Meves, Wolf-Dieter Narr, Ernst Röhl, Peter Saalmüller, Henning Voßkamp und vor allem Karin.

Literatur

Adam, Klaus-Uwe: *Die Psyche der Deutschen*. Patmos, Düsseldorf 2007.

Adorno, Theodor W.: *Theorie der Halbbildung*. Suhrkamp, Frankfurt am Main 2008.

Adorno, Theodor W.: Gesammelte Schriften: *Minima Moralia. Reflexionen aus dem beschädigten Leben,* Band 4. Suhrkamp, Frankfurt am Main 2008.

Arnim, Hans Herbert von: *Das System*. Droemer, München 2001.

Bittrich, Dietmar: *Achtung, Gutmenschen!* Rowohlt, Reinbek 2007.

Böttcher, Kurt u. a. (Hrsg.): *Geflügelte Worte. Zitate, Sentenzen und Begriffe in ihrem geschichtlichen Zusammenhang.* VEB Bibliographisches Institut, Leipzig 1985.

Brecht, Bertolt: *Ausgewählte Werke*, 6 Bände. Suhrkamp, Frankfurt am Main 1997, Bd. 3

Busch, Christoph/Freundeskreis Freie Radios Münster (Hrsg.): *Was Sie schon immer über Freie Radios wissen wollten, aber nie zu fragen wagten.* Eigenverlag, Münster 1981.

Downs, Anthony: *Ökonomische Theorie der Demokratie.* J. C. B. Mohr (Paul Siebeck), Tübingen 1968.

Eisler, Hanns: *Lieder und Kantaten*, Band 1. VEB Breitkopf & Härtel Musikverlag, Leipzig 1956.

Fetscher, Iring: »Bertolt Brecht: Kinderhymne«, in: Marcel Reich-Ranicki (Hrsg.): *Frankfurter Anthologie,* Band 2. Inselverlag, Frankfurt am Main 1977.

Fontane, Theodor: *Frau Jenny Treibel oder Wo sich Herz zum Herzen find't.* Erste Buchausgabe. F. Fontane & Co., Berlin 1893.

Frankfurt, Harry G.: *Bullshit*. Suhrkamp, Frankfurt am Main 2006.

Fukuyama, Francis: *Das Ende der Geschichte*. Kindler, München 1992.

Glinka, Uwe/Meier, Kurt: *Das Sparkochbuch: Günstig und ausgewogen ernähren nach dem Regelsatz Hartz IV.* Vgs, Köln 2009.

Grass, Günter: *Die Rättin*. Büchergilde Gutenberg, Frankfurt am Main 1986.

Grüne Akademie in der Heinrich-Böll-Stiftung (Hrsg.): *Die neue rechte*

Herausforderung. Rechtsextremismus in Deutschland und Europa. Berlin 2005.

Habermas, Jürgen: *Die Zukunft der menschlichen Natur. Auf dem Weg zu einer liberalen Eugenik?* Suhrkamp, Frankfurt am Main 2002.

Humboldt-Universität: *Bulletin* Texte 28, Berlin 2005.

Jaeggi, Eva: *Ich sag' mir selber Guten Morgen.* Piper, München 1992.

Johann, Ernst (Hrsg.): *Reden des Kaisers. Ansprachen, Predigten und Trinksprüche Wilhelms II.* dtv, München 1966.

Knigge, Adolf Freiherr von: *Über den Umgang mit Menschen.* Piper, München 2004.

Koch, Roland: *Vision 21.* Verlag der Universitätsbuchhandlung Blazek und Bergmann seit 1891 GmbH, Frankfurt am Main 1998.

Luther, Martin: *Von den Juden und ihren Lügen.* Erstausgabe Wittenberg 1543.

Malaparte, Curzio: *Kaputt.* Fischer, Frankfurt am Main 2007.

Maxeiner, Dirk / Miersch, Michael: *Biokost & Ökokult.* Piper, München 2009.

Montesquieu: *Vom Geist der Gesetze.* Reclam, Stuttgart 1965.

Ooyen, Robert Christian van / Möllers, Martin H. W. (Hrsg.): *Das Bundesverfassungsgericht im politischen System.* VS Verlag, Wiesbaden 2006.

Remy, Maurice Philip: *Mythos Rommel.* List, München 2002.

Reuth, Ralf Georg: *Erwin Rommel. Des Führers General.* Piper, München 1987.

Schumacher, Hajo: *Kopf hoch, Deutschland. Optimistische Geschichten aus einer verzagten Republik.* Blessing, München 2005.

Vondung, Klaus (Hrsg.): *Das wilhelminische Bildungsbürgertum. Zur Sozialgeschichte seiner Ideen.* Vandenhoeck & Ruprecht, Göttingen 1976.

Wieczorek, Thomas: *Die Dilettanten.* Knaur, München 2009.

Wieczorek, Thomas: *Die verblödete Republik.* Knaur, München 2009.

Wolfe, Thomas: *Es führt kein Weg zurück.* Rowohlt, Reinbek 1953.

ZDFjahrbuch 2004.

Zimmer, Dieter E.: *Deutsch und anders. Die Sprache im Modernisierungsfieber.* Rowohlt, Reinbek 1997.

Anmerkungen

Vorbemerkung: »die Deutschen«

1 Quelle: Statistisches Bundesamt.
2 Werner Barke: »Churchill: ›Ich glaube nur der Statistik, die ich selbst gefälscht habe‹«, in: *Statistisches Landesamt Baden-Württemberg:* Monatsheft 11/2004.
3 »Wohlstands- oder doch eher Klassengesellschaft«, in: *Focus Online,* vom 23. Juni 2009.
4 TNS Infratest: *Gesellschaft im Reformprozess.* Studie für die Friedrich-Ebert-Stiftung, Berlin 2006.
5 »Die Sinus-Milieus in Deutschland 2007«.

Borniert sein ist alles

6 »Deutscher Amtsschimmel in Kabul«, in: N24.de, vom 3. März 2003.
7 »Den Amtsschimmel überlisten«, in: *Handelsblatt.com,* vom 16. Februar 2006.
8 »Als die Mauer fiel, war Merkel in der Sauna«, in: *D-News,* vom 8. November 2009.
9 Montesquieu: *Vom Geist der Gesetze.* Reclam, Stuttgart 2003, S. 179.
10 »Mercedes-Testfahrer erhält Bewährungsstrafe«, in: *Spiegel Online,* vom 3. November 2010.
11 Siehe dazu: Edmund Lauf: *Gerücht und Klatsch.* Spiess, Berlin 1990.
12 Max Gluckman: »Gossip and Scandal«, in: *Current Anthropology* 4, 1963, S. 307–316.
13 »Pracht, Glanz und Gloria – das hat was!«, in: zdf.de, vom 16. April 2004.
14 Norbert Lehmann: »Drei Hochzeiten und zwei Todesfälle«, in: *ZDFjahrbuch 2004.*

15 »Streit um ZDF-Reportage – Fernsehteam zahlte prügelnden Jugendlichen 200 Euro«, in: *Spiegel Online,* vom 6. April 2006.

16 Hans Gasser: »Katastrophentourismus – Dem Tod auf den Fersen«, in: *sueddeutsche.de,* vom 20. September 2007.

17 »Erfolg durch Charisma«, in: *pro-charisma-blog,* vom 19. September 2009.

18 »Leser-Reporter entdeckt Weltstar«, in: *shortnews,* vom 3. Februar 2010.

19 Heiner Geißler: »Wo bleibt euer Aufschrei?«, in: *Die Zeit,* Nr. 47 vom 11. November 2004, S. 26.

20 »Bei dieser Wurst hat Bismarck Unrecht«, in: *rz-online,* vom 21. Mai 2003.

21 »Ist Biokost wirklich besser?«, in: *Welt Online,* vom 4. November 2004.

22 »Bahn lehnt das Modell Volksaktie ab«, in: *Focus Money Online,* vom 13. September 2007.

23 Claus Schäfer: »WSI-Verteilungsbericht 2009«, in: *WSI Mitteilungen* 12/2009, S. 687 f.

24 »›Die Wirtschaftsführer schaden der Steuermoral‹«, in: *Spiegel Online,* vom 17. Januar 2010.

25 Ebd.

26 »Härtere Strafen für Steuerhinterziehung«, in: *wirtschaft.t-online.de.*

27 »Das große Milliarden-Rätsel«, in: *sueddeutsche.de,* vom 18. Februar 2008.

28 »Trotz Milliardengewinnen – Keine Steuer auf Bankgeschäfte«, in: *Monitor,* Nr. 599 vom 5. November 2009.

29 Aktenzeichen I ZR 128/82 (Köln). Quelle: *Neue Juristische Wochenzeitschrift* 1986. Heft 7, S. 382.

30 »Tickender Mythos«, in: *manager-magazin.de,* vom September 2007.

31 »Bundeskleingartengesetz«, in: *kleingartenweb.de,* vom 15. Mai 2004.

32 Harry G. Frankfurt: *Bullshit.* Suhrkamp, Frankfurt am Main 2006, S. 70.

33 Ebd., S. 72.

34 Ebd., S. 60.

35 Theodor W. Adorno: *Theorie der Halbbildung.* Suhrkamp, Frankfurt am Main 2006, S. 51.

36 Ebd.

37 Bis zur Schulreform von 1968 war der Begriff *Volksschule* üblich. In Artikel 7 des Grundgesetzes findet er sich noch immer, ebenso – siehe oben – in der Bayerischen Volksschulordnung. Der Ausdruck ist ehrlicher, weil bei seinem Aufkommen – erste urkundliche Erwähnung 1779 – »Volk« die einfache Bevölkerung gegenüber den gehobenen Ständen oder Bevölkerungsklassen gemeint war.

38 Entsprach in der DDR der Realschule.

39 Einschließlich eines gleichwertigen Berufsfachschulabschlusses, Vorbereitungsdienst für den mittleren Dienst in der öffentlichen Verwaltung, Anlernausbildung, Berufsvorbereitungsjahres oder eines beruflichen Praktikums.

40 Einschließlich Ingenieurschulabschluss sowie Verwaltungsfachhochschulabschluss.

41 Statistisches Bundesamt: »Bevölkerung nach Bildungsabschluss in Deutschland«.

42 »Angst vor Jobverlust drückt Kauflaune«, in: *manager-magazin.de*, vom 24. Februar 2010.

43 »Sachsen zieht Bayern die Lederhosen aus«, in: *Zeit Online* 47/2008.

44 Ebd.

45 »Die volkswirtschaftlichen Kosten unzureichender Bildung«, in: OECD, vom 25. Januar 2010.

46 »Schwänzen macht Schule«, in: Arte, vom 7. September 2004.

47 Torsten Harmsen: »Sonderberichterstatter will strukturelle Änderungen«, in: *Berliner Zeitung*, vom 22. Februar 2006.

48 Markus Wehner: »Drei, vier, viele Kinder«, in: *faz.net*, vom 3. Mai 2008.

49 »Deutsche schauen 212 Minuten Fernsehen pro Tag«, in: *DCRS Online*, vom 6. Januar 2010.

50 Quelle: Arbeitsgemeinschaft Fernsehforschung

51 »Deutsche lieben Musik und Gemütlichkeit«, in: *GfK*, vom 10. Januar 2010.

52 »Zeichentrickfilme machen kleine Kinder aggressiv«, in: *Welt Online*, vom 6. November 2007.

53 »Unterschichten-TV – Was bitte soll das sein?«, in: news.de, vom 28. Januar 2010.

54 »Arzt-Serien beeinflussen Angst vor Operationen«, in: *innovations-report*, vom 10. Dezember 2008.

55 Anke Römer: »Fernsehen gegen die Einsamkeit«, in: *psychologie heute.de*, vom 25. April 2009.

56 »Medien gegen Einsamkeit: bewusstes Unglück oder bewusstlose Zufriedenheit?«, in: *jetzt.de*, vom 26. Juni 2006.

57 Internetseite von Helmut Thoma: http://helmutthoma.de

58 »ZDF-Chefredakteur Brender muss gehen«, in: *Spiegel Online*, vom 27. November 2009.

59 Ebd.

Deutsch – was sonst?

60 Bassam Tibi: *Europa ohne Identität*. btb Verlag, München 2000, S. 154.

61 »Der Kopf zählt, nicht das Tuch«, in: *Zeit* 30/1998.

62 »Ohne Schleier«, in: *Welt Online*, vom 22. November 2004.

63 »Deutschlandlied nach dem Examen«, in: *Spiegel Online*, vom 3. Dezember 2004.

64 Sommer betonte, er habe sich nur für Integration, aber nicht gegen Zuwanderung ausgesprochen. Siehe: Theo Sommer: »Einwanderung ja, Ghettos nein – Warum Friedrich Merz sich zu Unrecht auf mich beruft«, in: *Zeit* 47/2000. Auch Bassam Tibi wehrte sich gegen die politische Instrumentalisierung und sprach von einer »missglückten deutschen Debatte«.

65 Jürgen Habermas: *Die Zukunft der menschlichen Natur. Auf dem Weg zu einer liberalen Eugenik?* Suhrkamp, Frankfurt am Main 2002, S. 13.

66 »Quirinuspreis 2001. Laudatio des Vorsitzenden Detlef Fleischer auf den Preisträger Paul Spiegel«, in: *Quirinuspreis.de*.

67 Gustav Seibt: »Die CSU verkennt Bayerns Leitkultur«, in: *Berliner Zeitung Online*, vom 10. Juli 1998.

68 Rede von Bundestagspräsident Dr. Norbert Lammert zum Thema »Identität und Integration. Grundlagen und Herausforderungen der Europäischen Union« am 8. Juni 2006 bei der Fondazione Magna Carta in Rom, in: Internetseite des Bundestags.

69 »Wie kann man aus Ausländern ›gute Deutsche‹ machen?«, in: *Sabine Christiansen*, Sendung vom 29. Januar 2006.

70 »›Ich will noch kein Glas Champagner öffnen‹ – Stoibers unsterbliche Sprüche«, in: *abendblatt.de*, vom 19. Januar 2007.

71 »Stoiber sorgt sich um Leitkultur«, in: *Focus Online*, vom 21. September 2007.

72 Adam Soboczynski: »Fremde Heimat Deutschland«, in: *Zeit Online*, vom 19. Oktober 2006.

73 Ebd.

74 »Die Rache einer Mutter«, in: *sueddeutsche.de*, vom 2. März 2008.

75 »Gefährliche Menschen wegsperren«, in: *Welt Online*, vom 28. Dezember 2007.

76 »Schäubles Schreckensliste«, in: *Zeit Online* 28/2007.

77 Ephraim Kishon: *Mein Kamm*. Langen-Müller, München 1997.

78 »Was war links?« Folge 2. Ein Film in 4 Teilen von Andreas Christoph Schmidt, 2003, im Auftrag von SWR und SFB.

79 *Spiegel* 19/1968, vom 6. Mai 1968.

80 Eva Jaeggi/Heidi Möller: »Psychologen in den Medien: Psychogebabbel im Trash-TV«, in: *psychologie heute* 11/2000.

81 »Keine Lust mehr auf Ehe«, in: *abendblatt.de*, vom 13. August 2007.

82 Eva Jaeggi: *Ich sag' mir selber Guten Morgen*. Piper, München 1992, Klappentext.

83 Kurt Böttcher u.a. (Hrsg.): *Geflügelte Worte. Zitate, Sentenzen und Begriffe in ihrem geschichtlichen Zusammenhang*. VEB Bibliographisches Institut, Leipzig 1985, S. 501 f.

84 Ernst Johann (Hrsg.): *Reden des Kaisers. Ansprachen, Predigten und Trinksprüche Wilhelms II*. dtv, München 1966, S. 120–122.

85 Der Name ist eine Verballhornung der Bezeichnung »Balneario N° 6« (spanisch für »Heilbad«).

86 »Genug Ballermann am Tor«, in: *Tagesspiegel.de*, vom 2. Januar 2010.

87 Zum Beispiel www.youtube.com, Suchbegriff: »Besoffene Politiker«.

88 Internetlexikon Wikipedia, Stichwort: »Fußball ist unser Leben (Lied)«.

89 Natürlich finden mittlerweile einige Spiele am Freitag oder Sonntag statt.

90 Internetlexikon Wikipedia, Stichwort: »Hooligan«.
91 Christian Jakob: »Stadionverbot per Fingerzeig«, in: *taz.de,* vom 4. Januar 2010.
92 Hanna Grabbe: »Schöner jubeln mit Angela Merkel«, in: *Financial Times Deutschland, ftd.de,* vom 27. 6. 2008.
93 Vergleiche: Thomas Wieczorek: *Die verblödete Republik.* Knaur, München 2009, S. 217.
94 »Handball schafft es bis in den Bundestag«, in: *Focus Online,* vom 1. Februar 2007.
95 Vergleiche: Thomas Wieczorek. *Die verblödete Republik,* a.a.O., S. 215ff.
96 Norbert Seitz: »Was symbolisiert das ›Wunder von Bern‹?«, in: *Aus Politik und Zeitgeschichte,* Nr. 26 vom 21. Juni 2004.
97 Ebd.
98 Zitiert ebd.

Ein bisschen Ausgrenzung muss sein

99 »Quirinuspreis 2001. Laudatio des Vorsitzenden Detlef Fleischer auf den Preisträger Paul Spiegel«, in: *Quirinuspreis.de.*
100 »Jung, gut und unerwünscht«, in: *Spiegel Online,* vom 19. Mai 2008.
101 Jens Jessen: »Organisierte Verachtung«, *Die Zeit,* Nr. 47 vom 13. November 2003, S. 41.
102 Theodor W. Adorno: Gesammelte Schriften: *Minima Moralia.* Reflexionen aus dem beschädigten Leben: Band 4. Suhrkamp, Frankfurt am Main 2008, S. 19.
103 »Denkmal der Zwietracht«, in: *Zeit Online* 18/2007.
104 Thomas Wieczorek: *Die Dilettanten.* Knaur, München 2009, S. 292 f.
105 »Und er würde es wieder tun«, in: *sueddeutsche.de,* vom 17. November 2004.
106 http://www.warsinski.de/wir/rechte_gewalt.htm
107 »Es gibt keinen Machtkampf«, in: *Spiegel Online,* vom 12. Januar 2001.

108 Überwiegend in West- und Süddeutschland, Stand: 31. Dezember 2008.

109 Lutheraner, Reformierte und Unierte; vor allem in Norddeutschland, Stand: 31. Dezember 2007.

110 Deutsche Bischofskonferenz: »Zahlen & Fakten«, vom 2. Februar 2010.

111 Evangelische Kirche Deutschland, Internetseite, vom 2. Februar 2010.

112 Robert Christian van Ooyen, Martin H. W. Möllers (Hrsg.): *Das Bundesverfassungsgericht im politischen System.* VS Verlag, Wiesbaden 1006, S. 175.

113 Laut Verfassung des Freistaates Bayern in Artikel 98 Satz 4 darf jedermann Popularklage beim Bayerischen Verfassungsgerichtshof einlegen. Dabei kann jedes bayerische Gesetz, jede Verordnung oder Satzung dem Bayerischen Verfassungsgerichtshof vorgelegt werden, mit der Behauptung, ein in der Landesverfassung garantiertes Grundrecht werde durch das Gesetz in verfassungswidriger Weise verletzt. Der Verfassungsgerichtshof überprüft das Gesetz und stellt gegebenenfalls dessen Verfassungswidrigkeit fest. Damit wäre das Gesetz nicht mehr anzuwenden.

114 »Von Nächstenliebe keine Spur«, in: *Focus Online,* vom 7. Januar 2010.

115 Ebd.

116 »Deutsche für Abzug – und für Jung«, in: *stern.de,* vom 16. September 2009.

117 http://de.statista.com/statistik/diagramm/studie/86035/umfrage/dinge-die-kaum-angst-machen-vor-denen-man-sich-kaum-fuerchtet/

118 »Wo Deutschland braun ist«, in: *Zeit Online* 20/2008.

119 Bundesministerium des Innern: »Deutsche und Ausländer mit Migrationshintergrund«.

120 Quelle: *Cura – Opferfonds Rechte Gewalt,* vom 16. Dezember 2009.

121 http://www.dradio.de/aktuell/501796/

122 »Deutschland – peinlich Vaterland«, in *sueddeutsche.de,* vom 26. März 2001.

123 »Reisewarnung für Ostdeutschland: Statistik gibt Heye recht«, in: *Spiegel Online,* vom 18. Mai 2006.

124 »Nach Hetzjagd Sorge um Standort Deutschland«, in: *netzeitung.de*, vom 21. August 2007.

125 »Warum drei erfolgreiche Neonazi-Bekämpfer ihre Jobs verloren«, in: *Spiegel Online*, vom 7. Juli 2007.

126 Anthony Downs: *Ökonomische Theorie der Demokratie.* J. C. B. Mohr (Paul Siebeck), Tübingen 1968, S. 290. Als Vorteile nennt Downs »Einkünfte, Prestige und Macht«. Ebenda, S. 34.

127 Ebenda, S. 50.

128 »Koch wird umjubelt – von ganz rechts«, in: *sueddeutsche.de*, vom 19. Januar 2008.

129 Christian Bommarius: »Die Stunde der Heuchler«, in: *berlin-online. de*, vom 11. Oktober 2000.

130 »BDI-Präsident fordert Ächtung krimineller Wirtschaftsbosse«, in: *Spiegel Online*, vom 17. Februar 2008.

131 Grüne Akademie in der Heinrich-Böll-Stiftung (Hrsg.): *Die neue rechte Herausforderung. Rechtsextremismus in Deutschland und Europa.* Berlin 2005, S. 10.

132 Dieter E. Zimmer: »Die Berichtigung. Über die Sprachreform im Zeichen der Politischen Korrektheit«, in: D. E. Zimmer, *Deutsch und anders. Die Sprache im Modernisierungsfieber.* Rowohlt, Reinbek 1997, S. 105, 180.

133 Dietmar Bittrich: *Achtung, Gutmenschen!* Rowohlt, Reinbek 2007, S. 140.

134 »Affäre Filbinger«, in: *Der Spiegel*, Nr. 20 vom 15. Mai 1978, S. 23.

135 »Zentralrat akzeptiert Oettingers Entschuldigung«, in: *Spiegel Online*, vom 19. April 2007.

136 *Zivilcourage vs. Political Correctness*, Laudatio von Wolfgang Schäuble für Klaus von Dohnanyi anlässlich der Verleihung des Kasseler Bürgerpreises »Glas der Vernunft 2004«, gehalten am 26. September 2004. Zitiert in: Internetlexikon Wikipedia, Stichwort: »Politische Korrektheit«.

137 »Staatsanwalt ermittelt gegen Soldaten«, in: *br-online*, vom 12. Februar 2010.

138 Ebd.

139 »Bewährung und Geldstrafe wegen Rekruten-Misshandlung«, in: *Spiegel Online*, vom 27. August 2007.

140 »Wider die Folter beim Bund«, in: *sueddeutsche.de*, vom 14. Januar 2009.

141 »Eine Entscheidung, die zu weit geht«, in: *sueddeutsche.de*, vom 14. Januar 2009.

142 »Wehrbeauftragter prangert neue *Ekel-Exzesse* an«, in: *Spiegel Online*, vom 23. Februar 2010

143 »Ekel Excesse …«, a.a.O.

144 Ebd.

145 Ralf Georg Reuth: *Erwin Rommel. Des Führers General.* Piper, München 1987, S. 38.

146 Maurice Philip Remy: *Mythos Rommel.* List, München 2002, S. 46.

147 »CSU-Politiker geißelt Aufhebung von NS-Urteilen«, in: *Spiegel Online*, vom 1. März 2002.

148 »Baumanns letzter Kampf«, in: *sueddeutsche.de*, vom 5. Mai 2008.

So demokratisch kommen wir nie wieder zusammen

149 »Stoiber bleibt beim Nein gegen Multikulti«, in: *Spiegel Online*, vom 7. November 2000.

150 »›Hier Abendland, dort Multikulti‹«, in: *Spiegel Online*, vom 23. September 2005.

151 Daniel Cohn-Bendit/Thomas Schmid: »Wenn der Westen unwiderstehlich wird«, in: *Zeit Online* 48/91.

152 »Empörung über Wowereit«, in: *Tagesspiegel.de*, vom 7. Dezember 2006.

153 Stefan Luft: »Multikulti ist gescheitert«, in: *Tagesspiegel.de*, vom 17. Januar 2008.

154 Henryk M. Broder: »Der ideale Kandidat«, in: *Spiegel Online*, vom 2. November 2009.

155 »VDS in Kürze«, in: *Verein Deutsche Sprache.* URL: www.vds-ev.de/.

156 »Merkel bedauert CDU-Entscheidung«, in: *Focus Online*, vom 2. Dezember 2008.

157 »SPD erhebt Vorwurf der Deutschtümelei gegen CDU«, in: *Welt Online*, vom 2. Dezember 2008.

158 »Lammert wirbt bei Migranten für Einbürgerung«, in: *Welt Online*, vom 14. Februar 2010.

159 »Ich verteile überhaupt niemanden«, in: *taz.de* vom 20. Januar 2010.

160 »Alarmierend hoher Migrantenanteil bei Hartz IV«, in: *Welt Online,* vom 20. Februar 2010.

161 »Hauptschule als niederschwelliges Bildungsangebot für Migranten«, in: *Migazin,* vom 21. Januar 2010.

162 Deutscher Caritasverband: »Sinus-Migranten-Milieu-Studie widerlegt zahlreiche Vorurteile«, in: Pressemitteilung vom 25. März 2009.

163 »Migrationsbericht 2008«, in: *Bundesamt für Migration und Flüchtlinge,* vom 3. Februar 2010.

164 »Migrantenanteil«, in: *Statistisches Landesamt Baden-Württemberg,* vom 17. August 2009.

165 »In Europa wächst Skepsis gegenüber Migranten«, in: *Welt Online,* vom 3. Dezember 2009.

166 Ebd.

167 Aktenzeichen 2 AZR 764/08

168 »Unzureichende Deutschkenntnisse? Kündigung erlaubt«, in: *Zeit Online* 1/2010.

169 »Zur Strafe den Schulhof fegen?«, in: *Spiegel Online,* vom 26. Januar 2006.

170 »Nichts außer Schwäbisch«, in *taz.de,* vom 2. Februar 2006.

171 Hannelore Crolly: »›We are all sitting in one boat‹ – Günther Oettinger is stammeling English«, in: *Welt Online,* vom 26. Januar 2010.

172 »Oettinger: ›Ich werde einen Sprachkurs machen‹«, in: *bild.de,* vom 29. Januar 2010.

173 Julia Seeliger: »Oettinger talking English«, in: *taz.de,* vom 26. Januar 2010.

174 »Zur Strafe …«, a.a.O.

175 »Wer schützt die Sprache vor Anglo-Firlefanz?«, in: *Welt Online,* vom 11. Februar 2007.

176 Verein Deutsche Sprache: »Bahn will deutsche Sprache einführen«, in: Pressemitteilung vom 16. Februar 2010.

177 »Komm rein und finde wieder raus«, in: *Spiegel* Online, vom 28. Juli 2004.

178 »Müntefering diskutiert neue Verfassung für Ost und West«, in: *Tagesspiegel.de,* vom 13. April 2009.

179 Vgl. BGH NStZ 2009, 383.

180 »Zu wenig Prozesskostenhilfe für Hartz IV Empfänger«, in: *gegenhartz.de,* vom Juli 2006.

181 Ebd.

182 https://www.mchr-demokratie.de/kampagne.html.

183 »Volksentscheid zur Stärkung der direkten Demokratie gescheitert«, in: *Welt Online,* vom 14. Oktober 2007.

184 »Politikverdrossenheit in Deutschland«, in: *Focus Online,* vom 8. September 2009.

185 Claus Leggewie: Von der elektronischen zur interaktiven Demokratie: »Das Internet für demokratische Eliten«, in: Dieter Klumpp u.a. (Hrsg.): *next generation information society? Notwendigkeit einer Neuorientierung.* Talheimer Verlag, Mössingen-Thalheim 2003, S. 115–128.

186 »Cottbuser Aufbruch und Vattenfall setzen Zeichen gegen Nazis«, *Lausitzer Rundschau,* lr-online vom 11. Februar 2010.

Über Patriotismus redet man nicht

187 »Merkel pocht auf konservative Werte«, in: *Focus Online,* vom 4. September 2007.

188 Sabine Müller: »Aus den Wänden sprießt der Efeu«, in: *fr-online,* vom 18. November 2009.

189 Kleine Rechenhilfe: Wer 1,2 Milliarden Euro besitzt – Gigolo-Userin Klatten hat 7 Milliarden –, erzielt bei fünf Prozent Rendite ein leistungsloses Monatseinkommen von 5 Millionen

190 »Rot-Grün schlägt zurück«, in: *Der Spiegel,* Nr. 44, vom 28. Oktober 2002.

191 »Trübsal in der Zwischenwelt«, in: *Spiegel Online,* vom 20. September 2004.

192 »Horst Köhler und die friedliche Revolution«, in: *Schattenblick,* vom 14. Oktober 2009.

193 »Privatschule Schloss Salem bietet wieder G9 an«, in: *augsburgerallgemeine.de,* vom 18. Januar 2010.

194 http://www.mdr.de/boulevard/portraets/144117.html. Erstellt am 14.11.2001.

195 »Gefühlte Ungerechtigkeit«, in: *Focus Online*, vom 18. Dezember 2007.

196 Die Redewendung taucht in der Bibel sehr oft auf, unter anderem im 2. Buch Mose, 3. Kapitel, Vers 8 oder im 4. Buch Mose, 14. Kapitel, Vers 8 sowie Kapitel 16, Verse 13 und 14.

197 Francis Fukuyama: *Das Ende der Geschichte*. Kindler, München 1992.

198 Gerhard Besier: »Wie sich der dumpfe Eurozentrismus überwinden lässt«, in: *Welt Online*, vom 24. Dezember 1998.

199 Yann Arthus-Bertrand: *Home. Erkennen, sich informieren, fragen, verstehen, handeln*. Knesebeck Verlag, München 2009, S. 5.

200 Kurt Tucholsky: »Interessieren Sie sich für Kunst?«, in: *»Zürcher Student«*, Nr. 2 vom 1. Mai 1926, S. 64.

201 Ursula Hildebrand: »Heimat ist, wo ich mich wohlfühle«, in: *Bundeszentrale für Politische Bildung*, Themenblätter im Unterricht 25/2003.

202 Quelle: Deutsche Gesellschaft für Geschichtserziehung.

203 »Endlich: Vergewaltigung in der Ehe gilt künftig als Verbrechen«, in: *Zeit Online* 21/197.

204 Christoph Busch/Freundeskreis Freie Radios Münster (Hrsg.): *Was Sie schon immer über Freie Radios wissen wollten, aber nie zu fragen wagten*. Eigenverlag, Münster 1981.

205 Ute Scheub: *Der lange Marsch des großen »I« durch die Institutionen*, Vortrag bei der Friedrich-Ebert-Stiftung vom 20. Januar 2003.

206 Vergleiche: *Weiber Diwan. Die feministische Rezensionszeitschrift*. Ausgabe Herbst/Winter 2008, S. 4.

207 »Frauen verdienen fast ein Viertel weniger als Männer«, in: *tagesschau.de*, vom 9. Juni 2008.

208 »NTV-Umfrage: 92 % halten Bundesregierung für käuflich«, in: *n-tv.de*, vom 21. Januar 2010.

209 »Ehlerding-Spende floss auf Schwarzgeldkonto«, in: *Welt Online.de*, vom 9. März 2001.

210 »Hotelunternehmer spendete FDP 1,1 Millionen Euro«, in: *tagesschau.de*, vom 17. Januar 2010.

211 »Auch die CDU erhielt vor der Wahl Hotelierspende«, in: *Welt Online*, vom 20. Januar 2010.

212 »Für Rüttgers' CDU ist die Affäre nicht erledigt«, in: *Welt Online*, vom 22. Februar 2010.

213 Stephan Hebel: »Der Skandal der Normalität«, in: *fr-online*, vom 24. Februar 2010.

214 »Privileg für Parlamentarier«, in: *Frontal 21*, vom 13. März 2007.

215 Hans Herbert von Arnim: *Das System.* Droemer, München 2001, S. 172–193.

216 Bartholomäus Grill: »Der globale Sumpf«, in: *Zeit Online* 44/1999.

Deutsche Eigenarten

217 »Faszination Automobil«, in: *capital.de*, vom 28. Februar 2010.

218 »Der Kraftfahrzeugbestand in Deutschland«, in: *suite101.de*, vom 27. Februar 2010.

219 »Autofahrer nach Streit im Verkehr erschossen«, in: *Welt Online*, vom 26. August 2006.

220 »Zahl der Pkw-Zulassungen sinkt auf 20-Jahrestief«, in: *Welt Online*, vom 3. Februar 2010.

221 »Mehrheit für Tempolimit auf Autobahnen«, in: *stern.de*, vom 6. Februar 2007.

222 »Tempolimit 130 unpopulär«, in: *n-tv.de*, vom 1. November 2007.

223 »Aus für Raser – Tempolimit auf Autobahnen«, in: *Tagesspiegel.de*, vom 9. April 2008.

224 »60 Jahre nach Kriegsende« in: Dossier der *Frankfurter Rundschau* von 2005.

225 »Deutsche Leichathletik-Seniorin positiv getestet«, in: *Focus Online*, vom 18. September 2006.

226 Internetseite von Inge Howe, vom 26. August 2009,

227 »Schwimmunterricht fällt aus«, in: *Focus Online*, vom 17. Juli 2009.

228 »Schüler fordern Skaten statt Turnen«, in: *Spiegel Online*, vom 5. Juli 2005.

229 Verordnung (EG) Nr. 834/2007 des Rates vom 28. Juni 2007 über die ökologische/biologische Produktion und die Kennzeichnung von ökologischen/biologischen Erzeugnissen und zur Aufhebung der Verordnung (EWG) Nr. 2092/91.

230 »GfK Panel Services analysiert deutschen Markt für Bioprodukte«, in: *fruchtportal.de*, vom 18. Februar 2010.

231 »Umsatz von Bio-Produkten rückläufig«, in: *daily.green.de*, vom 9. August 2009.

232 Dirk Maxeiner/Michael Miersch: *Biokost & Ökokult*. Piper, München 2009.

233 Ulli Kulke: »Der neue Bio-Wahn hat eine Heimat in Berlin«, in: *Welt Online*, vom 12. Mai 2007.

234 »Deutsche kaufen dreimal mehr Bio-Kost«, in: *Welt Online*, vom 25. Oktober 2007.

235 »Antipreis für Actimel«, in: *Focus Money Online*, vom 20. März 2009.

236 Zum Beispiel: Carl Winter/Sarah Davis: *Organic Foods*. Journal of Food Science, Vol. 71, Nr. 9/2006, R117–R124.

237 Roger Boyes: »Meet the germans«, in: Internetseite des Goethe-Instituts, vom Juli 2008.

238 1. Korinther 13, 4–8

239 Alexander Schuller: »Die Spaßgesellschaft braucht die kalte Dusche«, in: *Welt Online*, vom 2. Februar 2001.

240 »Deutschland dreht den Zapfhahn zu«, in: *n24.de*, vom 27. Juli 2009.

241 »Österreicher trinken mehr als Deutsche«, in: *bild.de*, vom 23. Februar 2009.

242 »Amerikaner mögen Deutsche und deutsches Bier«, in: *Financial Times Deutschland, ftd.de*, vom 2. März 2010.

243 Ebd.

244 Nachzulesen unter: www.bierundwir.de/sorten/pils.htm

245 Internetlexikon Wikipedia, Stichwort: »Reinheitsgebot«

246 »Beckstein findet zwei Maß Bier vertretbar«, in: *Spiegel Online*, vom 16. September 2008.

247 »Kommt die Ampel-Kennzeichnung von Lebensmitteln?«, in: *Potsdamer Neueste Nachrichten, pnn.de*, vom 4. Februar 2009.

248 »Kommt die Ampel-Kennzeichnung an Lebensmitteln?«, in: *Tagesspiegel.de*, vom 4. Februar 2009.

249 »Wir sind dann mal jeck«, a.a.O.

250 »Rosenmontag bei der Arbeit«, in: *wdr.de*, vom 21. Februar 2009.

251 »Düsseldorfer Karneval«, in: www.uni-prokolle.de.

252 »Gartenzwerge immer beliebter«, in: *rp-online*, vom 5. Juni 2000.

253 »Strandkorbsprint-WM – Lauf mit Handcap«, in: *ad-hoc-news.de,* vom 24. Januar 2010.

254 »›Die hab ich doch gebucht, das ist meine!‹«, in: *sueddeutsche.de,* vom 26. Juni 2007.

255 »Reisemängel Frankfurter Tabelle; Preisminderung bei Reisemangel«, in: *finanztip.de.*

256 Brian Melican: LiD: »Der deutsche Humor«, in: *derwesten.de,* vom 2. Juli 2009.

257 Volker Faust: »Zur Psychohygiene von Humor, Lachen und gehobener Albernheit«. Arbeitsgemeinschaft Psychosoziale Gesundheit.

258 Ebd.

259 Zitate zum Thema Humor wurden, soweit nichts anderes angegeben, dem Aufsatz von Volker Faust entnommen.

260 Werner Finck: »Das Fragment vom Schneider«, in: Elke Reinhard: *Warum heißt Kabarett heute Comedy?* LiT-Verlag, Münster 2006, S. 223.

261 Ebd.

262 »CDU-Jubiläum mit Merkel und Günther Krause«, AP-Meldung vom 25. Februar 2010.

Der Wert der Werte

263 »›Özdemir ist verblüffend feige‹«, in: *sueddeutsche.de,* vom 3. Juni 2008.

264 »›Keine Hüftgelenke für die ganz Alten‹«, in: *Tagesspiegel.de,* vom 3. August 2003.

265 Roland Koch: *Vision 21.* Verlag der Universitätsbuchhandlung Blazek und Bergmann seit 1891 GmbH, Frankfurt am Main 1998, S. 32.

266 Natürlich wurde der Text sofort »von oben« gelöscht, aber nicht schnell genug: Dokumentiert ist er in: *turi2.de,* vom 9. Mai 2007. URL: http://turi-2.blog.de/2007/05/09/alan_posener_wir_sind_papst~2240695

267 »›Das ist doch absurd‹«, in: *taz.de,* vom 18. Januar 2010.

268 Hanns Eisler: *Lieder und Kantaten,* Band 1. VEB Breitkopf & Härtel Musikverlag, Leipzig 1956, S. 8–9.

269 Bertolt Brecht: *Ausgewählte Werke,* 6 Bände, Suhrkamp, Frankfurt am Main 1997, Bd. 3, S. 507.

270 Das Gedicht entstand 1841 auf dem damals britischen Helgoland.

271 Die Melodie stammt aus Haydns Kaiserhymne »Gott erhalte Franz den Kaiser« von 1797, für den deutsch-römischen Kaiser Franz II.

272 »Bekanntmachung der Briefe des Bundespräsidenten vom 19. August 1991 und des Bundeskanzlers vom 23. August 1991 über die Bestimmung der 3. Strophe des Liedes der Deutschen zur Nationalhymne der Bundesrepublik Deutschland«, vom 19. November 1991, Bundesgesetzblatt I, S. 2135.

273 Iring Fetscher: »Bertolt Brecht: Kinderhymne«, in: Marcel Reich-Ranicki (Hrsg.): *Frankfurter Anthologie,* Band 2. Inselverlag, Frankfurt am Main 1977, S. 159.

Register

Thomas Wieczorek

Die verblödete Republik

Wie uns Medien, Wirtschaft und Politik für dumm verkaufen

So wenig Niveau war nie! Selbst Qualitätsmedien berichten ausführlich und mit Hingabe vom Dschungelcamp oder Deutschland sucht den Superstar. Gleichzeitig dürfen von der Wirtschaft finanzierte Professoren auch in der Tagesschau dreist als unabhängige Experten auftreten. Ihre Phrasen werden uns als alternativlose Wahrheiten verkauft – während kritische Politsendungen im Nachtprogramm verschwinden.

Thomas Wieczorek deckt die Auswüchse der allgemeinen Massenverblödung auf. Und er geht der Frage nach: Wird sie bewusst betrieben? Und von wem? Und mit welchem Ziel?

Das Ergebnis seiner Recherchen ist Aufklärung im besten Sinne.

Knaur Taschenbuch Verlag

Thomas Wieczorek

Die geplünderte Republik

Wie uns Banken, Spekulanten und Politiker in den Ruin treiben

Unfassbare Summen werden in das wankende Finanz-
system gepumpt, aberwitzige Milliardenbeträge für Wirt-
schaftshilfen bereitgestellt, und die Schuldigen an der Krise machen einfach weiter wie bisher – während gleichzeitig immer mehr Arbeitsplätze wegbrechen, Kommunen
und Bürger in die Pleite rutschen. Selbst unsere Kinder
werden noch für die Gier der Banker und Wirtschafts-
lenker und die Unfähigkeit willfähriger Politiker zahlen
müssen.
Gewohnt scharfzüngig deckt Thomas Wieczorek auf, wer
von der Krise profitiert, wie tief der Graben in unserer
Gesellschaft bereits geworden ist und wie gefährlich das
für uns alle noch werden kann.

Knaur Taschenbuch Verlag

Thomas Wieczorek

Die Dilletanten
Wie unfähig unsere Politiker wirklich sind

Erst sehen sie der Weltfinanzkrise tatenlos zu, dann machen sie alles noch schlimmer mit untauglichen Gesetzen und handwerklichen Fehlern beim Konjunkturpaket – und das ist nur die Spitze des Eisbergs. Befindet sich unser Staat in der Hand von ausgemachten Stümpern?
Parteienforscher Thomas Wieczorek unterzieht unsere Politiker einem schonungslosen Eignungstest: Egal ob Regierung oder Opposition – die Ergebnisse sind erschreckend. Fachliche Kompetenz? Fehlanzeige. Stattdessen Mittelmaß und Unfähigkeit, wohin man blickt. Und das kann schnell gefährlich werden.

Knaur Taschenbuch Verlag